I0500781

Índice

+560

Pensamientos

La sonrisa que mas me gusta, es esa que sin querer aparece cuando estoy hablando contigo.

El secreto del éxito es evitar que los contratiempos pasajeros nos derroten

Cuando una persona te decepciona, aunque la perdones nada será lo mismo

La vida se acaba cuando dejas de soñar, la esperanza cuando dejas de creer, el amor cuando dejas de cuidarlo

Muchas veces criticamos los defectos de otros que nosotros mismos poseemos.

Aprende a disfrutar de las pequeñas cosas de la vida y conocerás la felicidad

Me sobran ganas de buscarte, pero me faltan motivos para hacerlo

Si se os pregunta:'¿qué es la muerte?', responded: 'la verdadera muerte es la ignorancia'. ¡Cuántos muertos entre los vivos!

"El hombre, la criatura viva, el individuo que crea, es siempre más importante que cualquier estilo o sistema establecido."

"La tierra regala riqueza profusamente y alimento pacífico. Y os brinda alimentos que están libres de muerte y de sangre."

"Un gran secreto del goce de la vida consiste en abandonar el placer, manteniendo así la posibilidad de volverlo a gozar."

"Aquí hombre es el que tiene mujeres y vida de tormenta, sin saber que hombre es el que tiene una y la mantiene contenta."

"Yo no temo al hombre que ha lanzado 10,000 patadas diferentes, yo temo al hombre que ha lanzado una patada 10,000 veces"

"Jesucristo necesitó Doce apóstoles para propagar el cristianismo; yo voy a demostrar que basta sólo uno para destruirlo"

«Pasa tus vacaciones en tu propia ciudad y gasta el dinero en trabajar en proyectos que ayuden a construir tu comunidad».

"Felices son los que han sido perseguidos por causa de la justicia, puesto que a ellos pertenece el reino de los cielos."

"Jesús es mi Dios, Jesús es mi Esposo, Jesús es mi Vida, Jesús es mi único Amor, Jesús es todo mi ser, Jesús es mi todo."

"La relación que existe entre los autores mediocres y la crítica mediocre es más o menos ésta: ninguno se fía del otro."

"Generalmente la experiencia se atribuye a las personas de cierta edad y, lo que es peor, se la atribuyen ellas mismas."

"La confianza, como el arte, nunca proviene de tener todas sus respuestas, sino de estar abierto a todas las preguntas."

"Felices son los que tienen conciencia de su necesidad espiritual, puesto que a ellos pertenece el reino de los cielos."

"No es que esté malo estar bien, si es que tú te lo has ganado. Lo malo es ir presumiendo lo que tu 'papi' te ha dado"

"Tratando de ir y venir con el afán de cumplir lo que les dicta una ley de marionetas suicidas.. Sumisos en estampida"

"No hagas a otros aquello que no te gustaría que te hicieran a ti, ni te hagas a ti lo que no le harías a los demás."

"A veces sentimos que lo que hacemos es tan solo una gota en el mar, pero el mar sería menos si le faltara una gota."

"Si una madre puede matar a su propio hijo en su propio cuerpo, ¡qué razón hay para que no nos matemos unos a otros!"

"El camino de la verdad es ancho y fácil de hallar. El único inconveniente estriba en que los hombres no lo buscan."

"Una única cosa le he pedido a Dios, una nimiedad: "Oh, Señor haz ridículos a mis enemigos." Y Dios me la concedió."

"Cuando más hacemos, más podemos hacer; cuando estamos más ocupados es cuando tenemos más tiempo para divertirnos."

" Bienaventurados los que padecen persecución por causa de la justicia, porque de ellos es el reino de los cielos "

"La ciencia como tal no puede generar una ética y no se obtiene una conciencia ética mediante debates científicos."

" Minutos que disfrutan morir, minutos que no tienen lugar, minutos que se estrellan en mi "son kamikazes de DIOS""

"En la pena debe usted considerar que mi piedra pretendía con su viaje, mi recurso ciudadano de poderme expresar"

"Un hombre sabio puede aprender más de una pregunta absurda que un tonto puede aprender de una respuesta sabia."

"La fe es un estado mental que puede ser condicionado a través de la auto-disciplina. La fe se puede conseguir."

"Debe de ser muy grande el placer que proporciona el gobernar, puesto que son tantos los que aspiran a hacerlo."

"En el desprecio de la ambición se encuentra uno de los principios esenciales de la felicidad sobre la tierra."

"Los derechos humanos son un repertorio de elementos normativos que se han sustraído al juego de las mayorías."

"Señores no dividan la fe las fronteras son para los paises en este mundo hay mas religiones que niños felices"

"Mujeres, lo que nos pidan, podemos, si no podemos no existe y si no existe lo inventamos por ustedes, mujeres"

"Preciso es encontrar lo infinitamente grande en lo infinitamente pequeño, para sentir la presencia de Dios."

"La superstición es a la religión lo que la astrología es a la astronomía, la hija loca de una madre cuerda".

"Para alcanzar nuestros propósitos es mejor que nos dirijamos a la pasión de los hombres, que no a su razón."

"Cómo se sufre a ambos lados de las clases sociales, usted sufre en su mansión ... yo sufro en los arrabales"

"El sabio teme la bonanza; empero cuando descarga la tempestad camina sobre las olas y desafía los vientos."

"Nunca hagas apuestas. Si sabes que has de ganar al otro, eres un tramposo...Y si no lo sabes, eres un tonto

"Hay que saber que no existe país sobre la tierra donde el amor no haya convertido a los amantes en poetas."

"Por andar por las nubes, uno se olvida del suelo, y de saber que tu propia casa, es la sucursal del cielo."

"Es más fácil apoderarse del comandante en jefe de un ejército que despojar a un miserable de su libertad."

"Si alguna vez, ve saltar por la ventana a un banquero suizo, salte detrás. Seguro que hay algo que ganar."

"Buscamos la felicidad, pero sin saber dónde, como los borrachos buscan su casa, sabiendo que tienen una."

"Da el primer paso con fe. No tienes por que ver toda la escalera. Basta con que subas el primer peldaño."

" Las barras y las estrellas se adueñan de mi bandera, y nuestra libertad no es otra cosa que una ramera "

"Cualquiera que tenga el poder de hacerte creer idioteces, tiene el poder de hacerte cometer injusticias"

"Uno no está donde el cuerpo, sino donde más lo extrañan, y aquí se te extraña tanto, que sigues aquí..."

"El bar es un hotel de medio pelo que le cura el desconsuelo a los que no saben qué hacer con el desvelo"

"Cuando el objetivo te parezca difícil, no cambies de objetivo; busca un nuevo camino para llegar a él."

"La estupidez es una enfermedad extraordinaria, no es el enfermo el que sufre por ella, sino los demás."

"Mi país, mas que mi patria, mi raiz; mas que mi tierra, la matriz: que me enseñó a parir pensamientos."

"Para no perder el tiempo, no leas más que los anales de un sólo pueblo: todos los pueblos se parecen."

"La cuestión de la ley y la ética se ha desplazado para frenar el poder anónimo del terrorismo global."

"Si digo que soy bueno...alardeo. Y si digo que no soy bueno... entonces sabrías que estoy mintiendo."

"Toda fuerza ejercida sobre un cuerpo es directamente proporcional a la aceleracion que experimentara"

"Desnuda, que la naturaleza no se equivoca y si te hubiese querido con ropa con ropa hubieses nacido."

"Se satisfecho con lo que lo agrada, y deja los otros para hablar de usted cuando ellos los agradan."

"Si he hecho descubrimientos invaluables ha sido más por tener paciencia que cualquier otro talento".

"La libertad dijo un día a la ley: "Tú me estorbas." La ley respondió a la libertad: "Yo te guardo.""

"Es una de las supersticiones de la mente humana imaginarse que la virginidad pueda ser una virtud."

«Ve una vez a la semana a una residencia de ancianos a visitar personas, como si fuesen tus amigos».

"Nada que un hombre haga lo envilece más que el permitirse caer tan bajo como para odiar a alguien."

" Fui amante de un maniquí de corazón usurero, me cuentan que el que yo fui perdía llegando primero"

"Ese miedo idiota de verte viejo y sin pareja, te hace escoger con la cabeza lo que es del corazón."

"A ti ya no te queda nada, y a mí me queda por lo menos, éste síndrome incurable de quererte tanto."

"La gente busca la felicidad como un borracho busca su casa, sabe que existe pero no la encuentra."

"La naturaleza vuelve a los hombres elocuentes en las grandes pasiones y en los grandes intereses."

"Una colección de pensamientos debe ser una farmacia donde se encuentra remedio a todos los males."

"En cuanto el hombre abandona la envidia empieza a preparase para entrar en el camino de la dicha."

"Cada obra de amor, llevada a cabo con todo el corazón, siempre logrará acercar a la gente a Dios."

"Saber que se sabe lo que se sabe y que no se sabe lo que no se sabe; he aquí el verdadero saber."

"Prefiero el bastón de la experiencia que el carro rápido de la fortuna. El filósofo viaja a pie."

"Dios ha hecho al hombre a su imagen y semejanza, pero el hombre también ha procedido así con él."

"Os amo con todo mi corazón, y me basta que seáis aún de tierna edad, para amaros con todo ardor."

"El leer sin pensar nos hace una mente desordenada. El pensar sin leer nos hace desequilibrados."

"La providencia nos ha dado el sueño y la esperanza como compensación a los cuidados de la vida."

"La verdad siempre se halla en la simplicidad y no en la multiplicidad y confusión de las cosas".

"Cuando alguien pone el dedo en la llaga, sólo los necios piensan que lo importante es el dedo."

"La seriedad es sólo la corteza del árbol de la sabiduría; sin embargo, sirve para preservarla."

«Recoge la basura que encuentres en una zona de tu ciudad; y vigílala. Cuenta lo que has hecho».

"Jugando a ser felices, por desesperados, por no aguardar los sueños, por miedo a quedar solos."

"El hombre superior es cortés, pero no rastrero; el hombre vulgar es rastrero, pero no cortés."

"El hombre superior es digno, pero no orgulloso; el hombre inferior, orgulloso, pero no digno."

"El mayor error es sucumbir al abatimiento; todos los demás errores pueden repararse, éste no."

"Al final, no recordamos las palabras de nuetros enemigos sino el silencio de nuestros amigos".

"Se nos muere el amor, tiene fiebre de frío, se nos cayó de la cama cuando lo empujó el hastío"

"No son las malas hierbas las que ahogan la buena semilla, sino la negligencia del campesino."

«Es humillante que una persona que da patadas a un balón gane más que un profesor de colegio».

"La pálida muerte lo mismo llama a las cabañas de los humildes que a las torres de los reyes."

25

"Es bueno plantearse la cuestión de si razón y religión no debieran limitarse recíprocamente."

"La religión no es más que un método, con el título prohibido pensar que ya todo está escrito"

"Entristécete no porque los hombres no te conozcan, sino porque tú no conoces a los hombres."

"No estéis pesarosos de que nadie os conozca; trabajad para haceros dignos de ser conocidos."

"No te quejes de la nieve en el techo del vecino, cuando también cubre el umbral de tu casa."

◆□◆□◆□◆□◆□

"Educar no es dar carrera para vivir, sino templar el alma para las dificultades de la vida."

Más grande que la conquista en batalla de mil veces mil hombres es la conquista de uno mismo

"La clave para la inmortalidad es principalmente vivir una vida que valga la pena recordar."

"El trabajo aleja de nosotros tres grandes males: el aburrimiento, el vicio y la necesidad."

"Una falsa ciencia hace ateos; una verdadera ciencia prosterna al hombre ante la divinidad."

"Lo tuyo fue la intermitencia y la melancolía, lo mio fue aceptarlo todo por que te quería."

"Que fácil fue tocar el cielo la primera vez, cuando los besos fueron el motor de arranque."

La verdad trae paz a la mente anhelante; conquista el error; apaga las llamas de los deseos

"Es el hombre el que hace grande a la verdad, y no la verdad la que hace grande al hombre."

"Ni quiero ni rechazo nada de modo absoluto, sino que consulto siempre las circunstancias."

"Nuestra mayor gloria no está en no caer jamás, sino en levantarnos cada vez que caigamos."

"No tengas más que una mujer y un amigo. Las fuerzas del cuerpo y del alma no toleran más."

"Para hacer que una lámpara esté siempre encendida, no debemos de dejar de ponerle aceite."

"El vaticano prohibió los anticonceptivos, prefieren niños con hambre que un preservativo "

Cuando veas a un hombre bueno, trata de imitarlo; cuando veas a un hombre malo, reflexiona

"El más elevado tipo de hombre es el que obra antes de hablar, y practica lo que profesa."

"Lo único que no se recupera nunca en la vida cuando se pierde es el tiempo transcurrido."

"Ayuda a tus semejantes a levantar su carga, pero no te consideres obligado a llevársela."

"Economizad las lágrimas de vuestro hijos, para que puedan regar con ellas vuestra tumba."

"Suerte es lo que sucede cuando la preparación y la oportunidad se encuentran y fusionan."

"Es tan pobre mi presente que se endueda sonando y tan rico mi pasado que sigo recordando"

"La música produce una especie de placer sin el que la naturaleza humana no puede pasar."

"No me preocupa el no ser conocido. De lo que trato es de hacerme digno de ser conocido."

"La justicia, aunque anda cojeando, rara vez deja de alcanzar al criminal en su carrera."

"Lo preocupante no es la perversidad de los malvados sino la indiferencia de los buenos."

"Nada en el mundo es más peligroso que la ignorancia sincera y la estupidez concienzuda."

"El hombre sabio busca lo que desea en su interior; el no sabio, lo busca en los demás."

"El hombre superior entiende lo justo. El hombre inferior entiende lo que ha de vender."

"La parte filosófica de la historia se destina a dar a conocer las necesidades humanas."

"La pasión de dominar es la más terrible de todas las enfermedades del espíritu humano."

"Pensad por cuenta propia y dejad que los demás disfruten del derecho a hacer lo mismo."

"Encontré la paradoja: Sí amas hasta que te duela, ya no habrá mas dolor, solo más amor"

"De mi formación cristiana he obtenido mis ideales y de Gandhi la técnica de la acción."

"Desnuda que no habrá diseño que te quede mejor que el de tu piel ajustada a tu figura."

"Aún te amo, no sé si por idiota o por romántico, no sé si por novato, o por nostálgico"

"Quiero pararme en Iraq y mandarle un saludo a la mamá del idiota más grande del mundo."

"El caballero se culpa a sí mismo, mientras que el hombre ordinario culpa a los demás."

"Nunca mojes tu pan en la sangre de los animales ni en las lágrimas de tus semejantes."

"El hombre avaro está lleno de temores, y quien vive con temor será siempre un siervo."

"La conciencia es como un vaso, si no está limpio ensuciará todo lo que se eche en él."

"Felices son los que tienen hambre y sed de justicia, puesto que ellos serán saciados."

"La sumisión y tolerancia no es el camino moral, pero sí con frecuencia el más cómodo."

"Por los jóvenes hemos de estar dispuestos a soportar cualquier contratiempo y fatiga."

"Dime si el tiene la sensibilidad de encontrar el punto exacto donde explotas al amar."

"El hombre se precipita en el error con más rapidez que los ríos corren hacia el mar."

"El primero que comparó a la mujer con una flor, fue un poeta; el segundo, un imbécil"

"La unidad es la variedad, y la variedad en la unidad es la ley suprema del universo".

"Lo que las ideologías dividen al hombre, el amor con sus hilos los une en su nombre."

"Y cambiaste mi vida, mi ritmo, mi espacio, mi tiempo, mi historia, mis sueños y todo"

"La sabiduría se preocupa en ser lenta en sus discursos y diligente en sus acciones."

"Investiga en tus propias experiencias, para llegar a entender qué funciona para ti."

"La fortuna es como un vestido: muy holgado nos embaraza, y muy estrecho nos oprime."

" Bienaventurados los pobres en espíritu, porque de ellos es el reino de los cielos "

"Que ganas de rozarte,que ganas de tocarte, de acercarme a ti golpearte con un beso."

Estamos en este mundo para convivir en armonía. Quienes lo saben no luchan entre sí.

"El que por la mañana ha conseguido conocer la verdad, ya puede morir al anochecer."

"No he visto todavía a nadie que ame tanto la virtud como se ama la belleza física."

"Los celos cuando son furiosos, producen más crímenes que el interés y la ambición."

"En los trances duros y lo mismo en la bonanza mantente siempre con ánimo sosegado."

"La Santidad no es el lujo de unos pocos; es un sencillo deber que tenemos tú y yo."

"La Eucaristía y la Virgen son las dos columnas que han de sostener nuestras vidas."

"Se paró el reloj cuando te vi pasar, vi mi carta astral tatuada en tu cintura....."

"Desnuda que no hay un ingenuo que vista una flor, sería como taparle la hermosura."

"Es imposible traducir la poesía. ¿Acaso se puede traducir la música?"[sin fuentes]

"La felicidad es una palabra abstracta, compuesta de unas cuantas ideas de placer."

"Los que creen que el dinero lo hace todo, suelen hacer cualquier cosa por dinero."

"Proclamo en voz alta la libertad de pensamiento y muera el que no piense como yo."

"La fortuna es como un vestido: muy holgado nos embaraza, muy estrecho nos oprime."

"Felices son los misericordiosos, puesto que a ellos se les mostrará misericordia."

"Pasamos mucho tiempo ganándonos la vida, pero no el suficiente tiempo viviéndola."

"A través de la violencia puedes matar al que odias, pero no puedes matar el odio."

"Exígete mucho a ti mismo y espera poco de los demás. Así te ahorrarás disgustos."

"Si ya sabes lo que tienes que hacer y no lo haces entonces estás peor que antes."

"Dios es un comediante que actúa para una audiencia demasiado asustada para reír."

" Bienaventurados los que tienen hambre y sed de justicia, porque serán saciados "

"Amarte a ti es la verdad más mentirosa, es lo mejor de lo peor que me ha pasado."

"Ahora que no estás el silencio es un ruido que lastima tremendamente mis oídos. "

"El lenguaje artificioso y la conducta aduladora rara vez acompañan a la virtud."

"La ignorancia es la noche de la mente, pero una noche sin luna y sin estrellas."

"No pretendas apagar con fuego un incendio, ni remediar con agua una inundación."

"Sólo los sabios más excelentes, y los necios más acabados, son incomprensibles."

"Si sufres injusticias, consuélate, porque la verdadera desgracia es cometerlas."

"Justamente ahora...irrumpes en mi vida, con tu cuerpo exacto y ojos de asesina."

"Lo que quiere el sabio, lo busca en sí mismo; el vulgo, lo busca en los demás."

" Bienaventurados los pacificadores, porque ellos serán llamados hijos de Dios "

"¿Que voy a hacer conmigo? Que difícil es cargar con mi peor enemigo a cuestas."

"El buen líder sabe lo que es verdad; el mal líder sabe lo que se vende mejor."

"Elige un trabajo que te guste y no tendrás que trabajar ni un día de tu vida."

"Felices son los pacíficos, puesto que a ellos se les llamará 'hijos de Dios'."

"Aquél que procura asegurar el bienestar ajeno, ya tiene asegurado el propio."

"El hombre superior es persistente en el camino cierto y no sólo persistente."

"Por mirar la pequeñez de un gusano podemos perder la grandeza de un eclipse."

"No digas pocas cosas en muchas palabras, sino muchas cosas en pocas palabras"

"Si he logrado ver más lejos, ha sido porque he subido a hombros de gigantes".

"Los que se desaniman ante un fracaso es porque ya tienen todo lo que pueden."

"Sin nuestro sufrimiento, nuestra tarea no diferiría de la asistencia social."

"La injusticia en cualquier parte es una amenaza a la justicia de cualquiera."

"La violencia no es el remedio, tenemos que hacer frente al odio con el amor."

"Una mentira que te haga feliz vale más que una verdad que te amargue la vida"

"El hombre que ha cometido un error y no lo corrige comete otro error mayor."

"La conciencia es la luz de la inteligencia para distinguir el bien del mal."

"Los cambios pueden tener lugar despacio. Lo importante es que tengan lugar."

" Bienaventurados los misericordiosos, porque ellos alcanzarán misericordia "

"La oración es el mejor regalo de amor que le puedes dar a todo el que amas".

"Nada se olvida más despacio que una ofensa; y nada más rápido que un favor."

"Si el hombre no ha descubierto nada por lo que morir, no es digno de vivir."

"Decían de él: cuando Don Bosco está muy alegre es que tiene algún problema."

"Dime si el te ama la mitad de lo que te ama este loco."**Canción: Te conozco

"Y es que tanto te conozco, que hasta podría jurar...te mueres por regresar."

"Si el pasado te enseñó a tocarme así, bendito sea el que estuvo antes de mí"

"Yo ya no sé que prefiero: que me odie de corazón... o que me ame sin 'amor'"

"Se puede quitar a un general su ejército, pero no a un hombre su voluntad."

"Los hombres que siempre hablan verdad son los que más se aproximan a Dios."

"No siempre podemos agradar, pero siempre podemos tratar de ser agradables."

" Bienaventurados los mansos, porque ellos recibirán la tierra por heredad "

"No importa donde te encuentres, siempre y cuando tengas limpio tu corazón."

"Los jóvenes no sólo deben ser amados, sino que deben notar que se les ama."

"Soy libre y no me sirve. ¿Para qué quiere la libertad en la Luna un tigre?"

"Nuestro cuarto es almacen de recuerdos y nuestra mesa aeropuerto de moscas"

"Si no conoces todavía la vida, ¿cómo puede ser posible conocer la muerte?"

"Si un pájaro te dice que estás loco, debes estarlo, los pajaros no hablan"

"Una bella ancianidad es, ordinariamente, la recompensa de una bella vida."

"Yo no te estoy enseñando nada, solo te ayudo a que te conozcas a ti mismo"

"Nadie nace libre de vicios. El hombre más perfecto es el que tiene menos."

"El amor es un ingrato que te eleva por un rato, y te desploma por que si."

"Señora, no le quite años a su vida, póngale vida a los años, que es mejor"

"Duele verte con un tipo al que le faltan las ideas y le sobran argumentos"

Si tiene solución, ¿por qué lloras? Si no tiene solución, ¿por qué lloras?

"Debes tener siempre fría la cabeza, caliente el corazón y larga la mano."

"El hombre superior gusta de ser lento en palabras, pero rápido en obras."

"El hombre superior obra antes de hablar y habla de acuerdo con sus actos"

"El hilo de la vida se aflojaría si no fuera mojado con algunas lágrimas."

"Entre dos hombres iguales en fuerza, el más fuerte es quien tiene razón."

"No seas ambicioso y tacaño; la justa medida es excelente en tales casos."

«Considera ser tonto en público. Canta en voz alta. Lleva ropa divertida».

"El genio se descubre en la fortuna adversa; en la prosperidad se oculta."

" Bienaventurados los pobres en espíritu, porque ellos poseerán la tierra"

"Felices son los de genio apacible, puesto que ellos heredarán la tierra."

"Da mihi animas, caetera tolle" ("Dame almas, lo demás puedes quitármelo")

"¿Cuándo fue la última vez que viste las estrellas con los ojos cerrados?"

"El hombre superior es modesto en el hablar, pero abundante en el obrar."

"La naturaleza humana es buena y la maldad es esencialmente antinatural."

"Por muy lejos que el espíritu vaya, nunca irá más lejos que el corazón."

"Poco siento el no ser conocido de los hombres; siento no conocerlos yo."

"Estoy comenzando mi nombre, mientras que usted está terminando el suyo."

"Hay alguien tan inteligente que aprende de la experiencia de los demás."

"Vale más arriesgarse a salvar a un culpable que condenar a un inocente."

"Al que no posee demasiados bienes se le puede llamar, con razón, feliz."

"Aunque no sea más que por el mísero afán de descansar, debéis trabajar."

"Si ayudo a una sola persona a tener esperanza, no habré vivido en vano."

"De que me sirven tus ojos si les importa un carajo si me voy o aparezco"

Nunca he conocido a nadie tan ignorante del que no pudiera aprender algo

"La mujer es lo más corruptor y lo más corruptible que hay en el mundo."

"La religión mal entendida es una fiebre que puede terminar en delirio."

"El brazo del universo moral es largo, pero se dobla hacia la justicia."

"Más moscas se cazan con una gota de miel que con un barril de vinagre."

"Y ahí va uno de tonto por desesperado, confundiendo amor con compañía."

"Cuando hables, procura que tus palabras sean mejores que el silencio."

"El valor de tu casa es el precio que tu vecino quiera pagar por ella."

"Acuérdate de conservar en los acontecimientos graves la mente serena."

"Al dar cultura y principios religiosos prevenimos a los delincuentes."

"Si amas la vida, no pierdas el tiempo, de tiempo esta hecha la vida."

"A los vivos se les debe respeto, a los muertos, nada más que verdad."

"La más temible de las enfermedades del alma, es el furor de dominar."

" Bienaventurados los que lloran, porque ellos recibirán consolación "

"No puedo parar de trabajar. Tendré toda la eternidad para descansar."

"La cuestión de la verdad es la cuestión esencial de la fe cristiana."

"El que nada se perdona a sí mismo, merece que se lo perdonemos todo"

"Nunca des una espada a alguien que no es capaz de sonreir y bailar."

"Señal es de hombre superior el no aceptar una ociosidad perniciosa."

"Escoge la mejor manera de vivir; la costumbre te la hará agradable."

"Y nos volveremos a ver ante mi cayado."
(Dirigiéndose a sus alumnos)

"Azar es una palabra vacía de sentido; nada puede existir sin causa."

"Felices son los que se lamentan, puesto que ellos serán consolados."

"Lo que importa es cuanto amor ponemos en el trabajo que realizamos."

"Iría hasta Superga arrastrando la lengua con tal de salvar un alma."

Nuestras buenas y nuestras malas acciones nos siguen como una sombra

"El que no sabe lo que es la vida, ¿cómo sabrá lo que es la muerte?"

"No hay cosa más fría que un consejo cuya aplicación sea imposible."

"Decimos una necedad, y a fuerza de repetirla, acabamos creyéndola."

"La duda no es una condición placentera pero la certeza es absurda."

"No hay problema que resista el ejercicio continuo del pensamiento."

"Lo que sabemos es una gota de agua; lo que ignoramos es el océano".

"Los hombres construimos demasiados muros y no suficientes puentes."

"No podemos hacer grandes cosas, sólo pequeñas cosas con gran amor."

"A los niños hay que educarlos con amor, amistad y responsabilidad."

"Mi universo esta aquí adentro donde vives tu y por suerte vivo yo."

"El que sepa dominarse a sí mismo, sabrá dominar a sus semejantes."

"Escucha, serás sabio. El comienzo de la sabiduría es el silencio."

«Manifiéstate en favor de la justicia, sin importar lo que cueste».

"El esclavo pierde la mitad de su alma cuando entra en servidumbre"

"Descubrí que la vida es un juego de azar donde pierde el que gana"

"Aprender sin pensar es inútil. Pensar sin aprender es peligroso."

"La persona correcta tiene vergüenza de decir más de lo que hace."

"No todos los hombres pueden ser grandes, pero pueden ser buenos."

"He decidido hacer lo que me gusta porque es bueno para la salud."

"Sed devotos del Papa, es una de nuestras principales devociones."

"Acrobacias del placer fingido, un orgasmo de alquiler con ruidos"

"Sólo el virtuoso es competente para amar u odiar a los hombres."

El que no ama no ha llegado a conocer a Dios, porque Dios es amor

"Felices son los de corazón puro, puesto que ellos verán a Dios."

"Estados Unidos es el mayor exportador de violencia en el mundo."

"Sólo a partir de una identidad bien definida se puede discutir."

"Creo más en Dios después de la fortuna de dos cuerpos y el amor"

"El verdadero caballero es el que solo predica lo que practica."

"Está por encima de sus enemigos el que desprecia sus agravios."

◆□◆□◆□◆□◆□

"Educad a los niños y no será necesario castigar a los hombres."

"El hombre es mortal por sus temores e inmortal por sus deseos."

"Debemos hacer las cosas ordinarias con un amor extraordinario."

"La violencia crea más problemas sociales que los que resuelve."

"Siempre es el momento apropiado para hacer lo que es correcto."

"Existen valores que se sustentan en la esencia del ser humano."

"¿De qué te sirve ganar el mundo, si al final pierdes tu alma?".

"Se de aquel sendero que lleva a tus labios por cualquier lugar"

La riqueza consiste mucho más en el disfrute que en la posesión

"Antes de embarcarte en un viaje de venganza, cava dos tumbas."

◆□◆□◆□◆□◆□

"El ir un poco lejos es tan malo como no ir todo lo necesario."

◆□◆□◆□◆□◆□

"En el caos busca la simplicidad y en la discordia la armonía."

"Todo les sale bien a las personas de carácter dulce y alegre."

"El placer que acompaña al trabajo pone en olvido a la fatiga."

"Yo voy adelante haciendo como la locomotora, puf, puf, puf..."

"No hay un mal que dure 100 años, ni hay idiota que lo soporte"

No hay incendio como la pasión; no hay ningún mal como el odio

"Sólo puede ser feliz siempre el que sepa ser feliz con todo."

"La felicidad consiste en poder unir el principio con el fin."

"La democracia sólo parece adecuada para un país muy pequeño."

"Si en verdad queremos amar, tenemos que aprender a perdonar."

"Aquí hacemos consistir la santidad en estar siempre alegres."

"Quien deja una casa por seguir la vocación encuentra ciento."

"Las fronteras son dibujos en mapas que aún no puedo entender"

Más que mil palabras inútiles, vale una sola que otorgue paz.

"El hombre que mueve montañas empieza apartando piedrecitas."

"Estudiar sin pensar es tan inútil como pensar sin estudiar."

"Mide tus deseos, sopesa tus opiniones, cuenta tus palabras."

"El ateísmo es el vicio de unas pocas personas inteligentes."

"Es peligroso tener razón cuando el Gobierno está equivocado"

"La ignorancia afirma o niega rotundamente; la Ciencia duda."

"Quien se venga después de la victoria es indigno de vencer."

"Una palabra mal colocada estropea el más bello pensamiento."

«Ofrece tu hombro o un masaje de pies en cualquier ambiente».

"Amo a todas las religiones, pero estoy enamorada de la mía."

"Y es que tanto te conozco, que hasta se me has de extrañar."

"Tanto buscarte por las calles como un loco sin encontrarte."

"Hay tantos lunes que los viernes están armando un sindicato"

No lastimes a los demás con lo que te causa dolor a ti mismo

"Ir un poco lejos es tan malo como no ir todo lo necesario."

"Debemos amar a nuestro país aunque nos trate injustamente."

"El secreto de aburrir a la gente consiste en decirlo todo."

«Apaga la tele y conviértete en alguien interesante. Actúa».

"La rabia es contra el tiempo por ponerte junto a mí tarde."

" El problema no es que mientas, el problema es que te creo"

"Al final la mierda huele igual sea de príncipe o sirvienta"

"Tengo un domingo en stand by por si algún lunes te deprime"

"Es más fácil superar las malas costumbres hoy que mañana."

"Vosotros jóvenes sois los responsables de vuestro futuro."

"Tanto soñarte y extrañarte sin tenerte, tanto inventarte."

"Tarde... quizás en otras vidas...quizás en otras muertes."

"Cuando el sabio señala a la luna, el necio mira al dedo."

"Ahora hemos de trabajar, ya descansaremos en el paraíso."

"Te vi, me viste, nos reconocimos enseguida...pero tarde."

"Cada cosa tiene su belleza, pero no todos pueden verla."

"No importa si se avanza poco; lo importante es no parar"

"Al infierno con las circunstancias. Creo oportunidades."

"La civilización no suprime la barbarie; la perfecciona."

"¿Quién es libre? Sólo el que sabe dominar sus pasiones."

"Dios no me eligió para tener éxito, sino para ser fiel."

"Prefiero ser una gotita de amor, en un mar de amargura."

"Un buen consejo lo aceptaría aunque viniera del diablo."

"Hemos de hacer buenos cristianos y honrados ciudadanos."

"Como padres amorosos corrijamos siempre con amabilidad."

"Y no me veas así, si hubo un culpable aquí...fuiste tu."

"... y en este alzheimer feliz tus ojos son mis ventanas"

"La virtud no habita en la soledad: debe tener vecinos."

"Si crees que algo es imposible, tu lo harás imposible."

«Sé amable con todos a todas horas. De forma exagerada».

"En la juventud y en la belleza la sabiduría es escasa."

"Mi sistema se basa en la religión, la razón y el amor."

"María es nuestra guía, nuestra maestra, nuestra madre."

"Puede que sea yo lo mejor de lo peor que haz conocido."

"No es bueno el que te ayuda, sino el que no te molesta"

"El hombre superior vive en paz con todos los hombres."

"Es mejor encender una vela que maldecir la oscuridad."

◆□◆□◆□◆□◆□

"Un minuto de felicidad vale más que un año de gloria."

◆□◆□◆□◆□◆□

"Si tu juzgas a la gente, no tienes tiempo para amarla"

"La luz de neón del barrio sabe que estoy tan cansada."

"Te conozco desde el pelo, hasta la punta de los pies."

"Reconozco lo que piensas antes que empieces a hablar."

"Imagino esas charlas que en mi honor han de entablar."

"Maldita sea la hora que encontré lo que soñé...tarde."

"La Nena no sabe que a veces también Dios se equivoca."

" Y en este Alzheimer feliz, tus ojos son mis ventanas"

"Algún dinero evita preocupaciones; mucho, las atrae."

"Aquel que sabe cuánto basta, siempre tiene bastante."

"Perdónaselo todo a quien nada se perdona a sí mismo."

"Sé bueno al igual que los que fueron buenos contigo."

"Una buena imitación es la más perfecta originalidad."

"Estudia el pasado si quieres pronosticar el futuro."

"El alma es un acorde; la disonancia, su enfermedad."

"No temas morir. La muerte no es más que una parada."

"Ama hasta que te duela. Si te duele es buena señal."

"Dar hasta que duela y cuando duela dar todavía más."

"Entre vosotros jóvenes, es donde me encuentro bien."

Nota:Son las tres « S» en las que insistía Don Bosco.

"Cuando manda el orgullo siempre reina la desgracia."

"Se que odias la rutina un poco más que a la cocina."

"Aprender sin reflexionar, es malgastar la energía".

"El que conoce la verdad no es igual al que la ama."

"El agravio es la razón de los que no tienen razón."

"Las lágrimas son el lenguaje silencioso del dolor."

"La juventud tiene el genio vivo y el juicio débil."

"Sólo puedo ofreceros esto: pan, trabajo y Paraíso."

"Nunca hay que decir 'no me toca', sino '¡Voy yo!'."

"Estoy en medio del que soy y del que tu quisieras."

"Nada más que decir solo queda insistir, fuiste tu."

"Cuando manda el orgullo siempre reina la desgracia"

"El que domina su cólera domina a su peor enemigo."

"No quisiera ser feliz a condición de ser imbécil."

"Si Dios no existiera, sería necesario inventarlo."

"Todo hombre sabio ama a la esposa que ha elegido."

"La nubes grises también forman parte del paisaje."

"O aprendes a querer la espina o no aceptes rosas."

"A donde quiera que vayas, ve con todo tu corazón"

"Donde hay educación no hay distinción de clases."

"Si sirves a la Naturaleza, ella te servirá a ti."

"Cambiad de placeres, pero no cambiéis de amigos."

"El amor, para que sea auténtico, debe costarnos."

"El que no vive para servir, no sirve para vivir."

"Cometer un error y no corregirlo es otro error."

"La vida es demasiado preciosa, no la destruyas."

"No deis sólo lo superfluo, dad vuestro corazón."

"Tenerte fue una foto tuya puesta en mi cartera."

Los buenos pensamientos producirán buenos actos.

"Que la historia es larga...y la vida es corta."

"Demás esta decir que sobra decir tantas cosas."

"Esperar lo inesperado. Aceptar lo inaceptable"

"No despreciéis a nadie: un átomo hace sombra."

"Lucirse es una forma tonta de obtener gloria."

"Cuando estoy lejos de vosotros me falta algo."

"Procurad siempre vivir en la amistad de Dios."

"Así se disfraza el amor para su conveniencia."

"El silencio es un amigo que jamás traiciona."

"Gobierna tu mente, o ella te gobernará a ti."

"Quien mucho promete mina la confianza en él."

"Que ganas de huir, de no verte ni la sombra."

"Fugarnos para siempre, sin daños a terceros."

"Quiero perder el valor que gané por miedoso."

"Donde hay satisfacción no hay revoluciones."

"Si te enfadas, piensa en las consecuencias."

"Escribe en la arena las faltas de tu amigo."

"Reduce tus propósitos y amplia tus acciones.

"Tristeza y melancolía fuera de la casa mía."

"Jesús hermanos míos es verbo, no sustantivo"

"Que ganas de besarte, de coincidir contigo."

(Diccionario Filosófico, artículo Fanatismo)

"Los prejuicios son la razón de los tontos."

"El sabio cuida principalmente de la raíz."

◆□◆□◆□◆□◆□

"Leer sin meditar es una ocupación inútil."

◆□◆□◆□◆□◆□

"Un diccionario sin citas es un esqueleto."

◆□◆□◆□◆□◆□

"La virtud de los padres es una gran dote."

◆□◆□◆□◆□◆□

"Quien vive temeroso, no será nunca libre."

◆□◆□◆□◆□◆□

Olvidarte... es más difícil que aguantarte"

◆□◆□◆□◆□◆□

"Cállate o di algo mejor que el silencio."

◆□◆□◆□◆□◆□

"La Vida es una oportunidad, aprovéchala."

"Puede que no sea tan malo estar conmigo."

"Si me das lo que te sobra...me consagro."

"Tarde como siempre nos llega la fortuna."

"Mirarte a los ojos y decirte Bienvenido."

"Dame tus sueños para hacerte una diadema"

"No se puede desear lo que no se conoce."

"Me basta que seáis jóvenes para amaros."

Nota:Puf en piamontés significa 'deudas'.

◆□◆□◆□◆□◆□

(Carta a d'Alembert, 5 de abril de 1766)

◆□◆□◆□◆□◆□

"Olvidarte es recordar que es imposible.

◆□◆□◆□◆□◆□

"La escritura es la pintura de la voz."

◆□◆□◆□◆□◆□

"Los Buenos espíritus se reencuentran."

◆□◆□◆□◆□◆□

"Apresúrate siempre hacia la solución."

◆□◆□◆□◆□◆□

"Un pedazo de Paraíso lo arregla todo."

◆□◆□◆□◆□◆□

"Aprende a vivir y sabrás morir bien."

◆□◆□◆□◆□◆□

"No sabe hablar quien no sabe callar."

◆□◆□◆□◆□◆□

"La vida es un sueño,hazlo realidad."

◆□◆□◆□◆□◆□

"Un dicho ingenioso no prueba nada."

◆□◆□◆□◆□◆□

"La vida es un misterio, desvélalo."

◆□◆□◆□◆□◆□

"La vida es una tragedia, domínala."

◆□◆□◆□◆□◆□

"La vida es una aventura, atrévete."

◆□◆□◆□◆□◆□

"Ninguna mentira vive para siempre."

◆□◆□◆□◆□◆□

"Soy exactamente lo que no mereces."

◆□◆□◆□◆□◆□

"Acompáñame, a quererte sin decirlo"

◆□◆□◆□◆□◆□

"Todo abuso debería ser reformado".

◆□◆□◆□◆□◆□

"La vida es una belleza, admirala."

◆□◆□◆□◆□◆□

"Pensar dos veces ya es bastante."

◆□◆□◆□◆□◆□

"La vida es un combate, acéptalo."

◆□◆□◆□◆□◆□

Alcanza la excelencia y compártela

◆□◆□◆□◆□◆□

"Un remedio de mi propia medicina"

◆□◆□◆□◆□◆□

"La venganza eterniza los odios."

◆□◆□◆□◆□◆□

"La vida es riqueza, conservala."

◆□◆□◆□◆□◆□

"La vida es felicidad, merécela."

◆□◆□◆□◆□◆□

"La vida es la vida, defiéndela."

◆□◆□◆□◆□◆□

"Amemos lo que aman los jóvenes."

◆□◆□◆□◆□◆□

"Gobernar significa rectificar."

◆□◆□◆□◆□◆□

"La vida es un reto, afróntalo."

◆□◆□◆□◆□◆□

"La vida es tristeza, supérala."

◆□◆□◆□◆□◆□

"Estad siempre unidos al Señor."

◆□◆□◆□◆□◆□

"La vida es un deber cumplelo."

◆□◆□◆□◆□◆□

"La vida es un juego, juegalo."

◆□◆□◆□◆□◆□

"La vida es preciosa, cuidala."

◆□◆□◆□◆□◆□

"La vida es promesa, cúmplela."

◆□◆□◆□◆□◆□

"Saber comer es saber vivir."

◆□◆□◆□◆□◆□

"La vida es suerte, búscala."

"Salud, sabiduría, santidad."

Canción: Se nos muere el amor

"La vida es himno, cántalo."

"Sé puro, sé noble; surge."

"El sabio sabe que ignora."

"No soy negro, soy hombre."

"Todo culpable es tímido."

"La vida es amor, gózala."

Queda prohibido no sonreír a los problemas, no luchar por lo que quieres, abandonarlo todo por miedo, no convertir en realidad tus sueños

Si alguien te lastima, devuélvele una sonrisa. Eso le dolerá más que cualquier golpe.

No dejes que tus oídos sean testigos de lo que tus ojos no ven; no dejes que tu boca hable lo que tu corazón no siente

Cada dolor te hace más fuerte, cada traición más inteligente, cada desilusión más hábil y cada experiencia más sabio

Un beso perfecto es aquel que sucede en el momento más inesperado

Llega un momento en la vida cuando tienes que elegir entre dar vuelta a la página o cerrar el libro.

Recuerda: Por cada persona que te hace daño, siempre hay otra dispuesta a curar tus heridas

◆□◆□◆□◆□◆□

Si ríes, yo reiré contigo; pero si lloras, yo haré que sonrías junto a mi.

◆□◆□◆□◆□◆□

El mundo entero se aparta cuando ve pasar a un hombre que sabe adónde va.

Si quieres ir rápido, ve solo. Si quieres ir lejos, ve acompañado.

Existen personas que no saben nada de su vida, porque se concentran en vivir la de los demás

Tras cada "no pasa nada" hay una historia que nos parte el alma

Lo que importa verdaderamente en la vida no son los objetivos que nos marcamos, sino los caminos que seguimos para lograrlos.

No sientas temor de querer cumplir lo que deseas; después de todo, es lo que siempre haz querido

Si todos supiéramos qué error vamos a cometer, nadie aprendería nada

Nunca te desanimes en el camino a la meta, recuerda que todo en la vida se trata de superar obstáculos.

Nota mental : Sé fuerte, tu puedes.

Todos ven lo que aparentas, pero pocos ven lo que realmente eres

A veces le damos demasiada importancia al pasado y lo convertimos en nuestro eterno presente

No temas dar un paso hacia lo desconocido. Porque donde hay un riesgo, también hay recompensa

Cuando tienes razón, nadie se acuerda; pero cuando te equivocas, nadie se olvida.

"Humildad" el valor más hermoso del ser humano, pero también... el más escaso.

Si quieres una vida feliz átala a metas y sueños propios, con gente que te apoya, no a objetos ni personas que no te valoran

El talento tiene límites. La mediocridad puede ser infinita

Camina como si nunca hubieras tropezado, ama como si nunca te hubieran herido y serás feliz toda tu vida.

Amar de verdad, es un arte, y hoy en día son pocos los artistas

Es increíble como una conversación con alguien que te importa puede cambiar tanto tu estado ánimo.

El mayor error de las personas es poner puntos suspensivos donde se debería poner punto final.

Todos los días no podrán ser buenos, pero siempre hay algo bueno en cada día.

Nunca llores delante de las personas que no entienden el significado de tus lágrimas

Cada día de vida es un regalo de Dios. Disfruta cada uno al máximo y aprovecha el tiempo con sabiduría

Detrás de cada "no sé" hay cierta inteligencia, de cada "no me importa" hay cierta emoción y detrás de cada "está bien" hay cierto dolor.

Estar enamorado no se trata de cuántas veces le dices a alguien que lo amas, sino de cuántas veces se lo demuestras

Una sonrisa puede ocultar tanto .. El miedo, dolor, tristeza, las lágrimas .. Pero todo eso se reflejan en una cosa. "Fuerza".

Que alguien te diga "Lo siento, te necesito" después de haber tenido una pelea, significa que le importas mucho más que su orgullo.

Irónicamente las personas que quieres con más fuerza son aquellas que en ocasiones te hacen más débil.

Una persona que ríe a diario no es porque siempre le vaya bien, sino porque aprendió que debe sonreír en las buenas y en las malas.

Una buena relación no ocurre porque sí; toma tiempo, paciencia y dos personas que realmente quieren estar juntas

Todo va a pasar en el momento justo, en el lugar adecuado, y con las personas adecuadas

Ser el primero en la vida de alguien, puede ser perfecto. Ser el último es un éxito.

Cuando las cosas no van del todo bien descubrimos quiénes son nuestros verdaderos amigos

Quienes chocan con la misma piedra son personas que caminan en círculos.

◆□◆□◆□◆□◆□

El mundo necesita ejemplos, no opiniones

◆□◆□◆□◆□◆□

Uno de los mayores placeres de la vida, es lograr aquello que otros dijeron que no lograrías

Nada más masoquista que extrañar a alguien que no te extraña.

La gente frecuentemente está sola porque construye paredes en lugar de puentes

No juzgues el día por la cosecha que has recogido, sino por las semillas que has sembrado

Si te preocupas por todo lo que el resto de la gente piensa... Serás siempre su prisionero

El hombre que trata a su mujer como una princesa es la mejor prueba de que fue criado en los brazos de una reina.

▲▽▲▽▲▽▲▽

+590

Curiosidades

▲▽▲▽▲▽▲▽

100 tazas de café tomadas en un lapso de cuatro horas, técnicamente pueden causar la muerte.

▲▽▲▽▲▽▲▽

111,111,111 x 111,111,111=
12,345,678,987,654,321

▲▽▲▽▲▽▲▽

28 estados y 7 territorios de la unión son los que conforman a la republica de la India.

▲▽▲▽▲▽▲▽

A lo largo de una vida media, el corazón bombea un millón de barriles de sangre.

▲▽▲▽▲▽▲▽

A los gatos les encantan las aceitunas (por lo menos a mi gato le encantan)

▲▽▲▽▲▽▲▽

A los gatos les gusta dormir con el dorsal recargado en algo, esto es para evitar que alguien aparezca detrás de ellos

▲▽▲▽▲▽▲▽

A los tres meses en el vientre de la madre, al feto se le forman las huellas digitales.

▲▽▲▽▲▽▲▽

Además de hacerlo con la nariz, los gatos huelen con un órgano, llamado de Jacobson, situado en la parte superior de la boca

▲▽▲▽▲▽▲▽

Al caminar usamos más de 200 músculos diferentes.

▲▽▲▽▲▽▲▽

Al cocinar el arroz sin grasa el arroz es un alimento que favorece la salud cardiovascular.

▲▽▲▽▲▽▲▽

Al nacer tenemos 300 huesos, pero de adulto solo tenemos 206.

▲▽▲▽▲▽▲▽

Al nacer una jirafa puede medir desde 1.8 m y pesar 59 kgs.

▲▽▲▽▲▽▲▽

Al no contar con minerales se acostumbra combinarlos con verduras, pescado, carne o legumbres.

▲▽▲▽▲▽▲▽

Al pronunciar una sílaba, nosotros producimos aproximadamente 200 ergs de energía.

▲▽▲▽▲▽▲▽

Algunas especies de insectos pueden volar confortablemente a alturas de entre 2,000 y 4,000 pies.

▲▽▲▽▲▽▲▽

Algunas especies de lombrices son capaces de comerse solas si no encuntran comida.

▲▽▲▽▲▽▲▽

Algunas reinas de termitas viven hasta medio siglo.

▲▽▲▽▲▽▲▽

Algunos ciempiés tienen normalmente entre 15 y 150 pares de patas.

▲▽▲▽▲▽▲▽

Algunos relojes se adelantan durante la noche debido a las bajas temperaturas que llegan a generarse.

▲▽▲▽▲▽▲▽

Antes era contra la ley tener un perro de mascota en una ciudad de Islandia.

▲▽▲▽▲▽▲▽

Antes nacíamos con los ojos cerrados, como los animales. Hoy día los niños nacen con los ojos abiertos.

▲▽▲▽▲▽▲▽

Antes se creia que era mala suerte vestir al recien nacido sin antes pesarlo.

▲▽▲▽▲▽▲▽

Aproximadamente el 80% de las criaturas de la tierra tienen seis patas.

▲▽▲▽▲▽▲▽

Asi como las huellas digitales, la impresion de la lengua es diferente en cada persona.

▲▽▲▽▲▽▲▽

Atenas es conocida como "cuna de la democracia" y la "cuna de la civilización occidental".

▲▽▲▽▲▽▲▽

Atenas es la capital de Grecia y es la ciudad más grande este País.

Baby Ruth se ponia una col debajo de su gorra para mantenerse fresco y se la cambiaba cada dos entradas durante los partidos.

▲▽▲▽▲▽▲▽

Cada 4 horas en promedio se apertura un nuevo restaurante de McDonald's.

▲▽▲▽▲▽▲▽

Cada 45 segundos se incendia una casa en Estados Unidos (pobre casa!)

▲▽▲▽▲▽▲▽

Cada año muere más gente por picadas de abeja que por las que son matadas por tiburones.

Cada año, el 98% de los átomos del cuerpo humano son sustituidos.

▲▽▲▽▲▽▲▽

Cada gato tiene su propio maullido y ronroneo

▲▽▲▽▲▽▲▽

Cada jirafa se diferencia entre otras cosas por el patrón de sus manchas, el cual no se repite.

▲▽▲▽▲▽▲▽

Cada segundo nacen en el mundo 3 niños, aproximadamente.

▲▽▲▽▲▽▲▽

Cada vez que lames una estampilla postal, consumes un decimo de una caloria.

▲▽▲▽▲▽▲▽

Casi la mitad del agua que bebemos la expulsamos a través de la respiración.

▲▽▲▽▲▽▲▽

Cercopiteco mona: El ultimo lugar lo ocupa otro primate procedente de África. Su precio es de 6 mil dólares.

▲▽▲▽▲▽▲▽

Chimpancé: Uno de los animales mas parecido a los seres humanos. Su precio se sitúa en 60 mil dólares.

▲▽▲▽▲▽▲▽

Con motivo del año 2000, se colocaron 20 mil luces flash para la decoración de la torre Eiffel.

▲▽▲▽▲▽▲▽

Con un peso de hasta 750 kilos, la tortuga Laúd es una de las especies de mayor peso y tamaño.

Con una tasa de crecimiento anual de 5.8% en el PIB, es uno de las economías con más rápido crecimiento.

Cualquier propietario de un perro que posea su Pedigree puede participar en exposiciones de belleza.

Cuando tragamos,una tapadera llamada epiglotis cubre la tráquea para impedir que la comida pueda entrar al aparato respiratorio

▲▽▲▽▲▽▲▽

Cuando Abraham Lincoln fue asesinado estaba viendo una comedia teatral llamada "Mi Primo Americano" por Tom Taylor.

▲▽▲▽▲▽▲▽

Cuando bañas a tu perro de una forma constante, provocas que los aceites naturales del pelaje sean eliminados.

▲▽▲▽▲▽▲▽

Cuando llegamos a los 70 años, hemos respirado por lo menos 600 millones de veces.

▲▽▲▽▲▽▲▽

Cuando los perros tienen dolores de estómago, comen hierba , para vomitar.

Cuando los tigres de cada 20 intentos solo lo consigue realizarlo exitosamente una vez.

▲▽▲▽▲▽▲▽

Cuando un gato se frota contra ti, es porque te está marcando como parte de su territorio.

▲▽▲▽▲▽▲▽

Cuando una hormiga muere dentro de una casa,de su cuerpo sala un olor que atrae a otras hormigas que se encargan de enterrarla

Cuando una persona llega a los 70 años de edad, su corazón habrá latido al menos unas 2,800 millones de veces.

Desde el año de 1600, se han estinguido 109 especies y subespecies de aves.

▲▽▲▽▲▽▲▽

Después de comer los gatos se lavan inmediatamente.

▲▽▲▽▲▽▲▽

Después de Estados Unidos, Japón es el mayor mercado de McDonald's con mas de 3,000 establecimientos.

▲▽▲▽▲▽▲▽

Despues del leon y el tigre, el jaguar es el felino mas grande del mundo.

▲▽▲▽▲▽▲▽

Diariamente McDonald's atiende a mas de 46 millones de personas.

▲▽▲▽▲▽▲▽

Don Gorske es reconocido por haber consumido 23,000 hamburguesas Big Mac, e incluso ha conservado los tickets.

▲▽▲▽▲▽▲▽

Durante su 1ª semana de vida,los cachorros se la pasan el 90% del tiempo durmiendo y el resto comiendo.

▲▽▲▽▲▽▲▽

Durante toda la vida, una persona come alrededor de 60,000 libras de comida, que es equivalente al peso de 6 elefantes.

▲▽▲▽▲▽▲▽

El "cuac" de un pato no produce eco y nadie sabe porqué.

▲▽▲▽▲▽▲▽

El 16% de las mujeres nacen rubias, y 33% de las mujeres son rubias.

▲▽▲▽▲▽▲▽

El 70 porciento del cuerpo humano está compuesto por agua.

▲▽▲▽▲▽▲▽

El 90 porciento de un iceberg flotante está bajo el agua.

▲▽▲▽▲▽▲▽

El agua cubre el 71% de la superficie de la Tierra.

▲▽▲▽▲▽▲▽

El agua es aproximadamente el 70% del peso de una persona adulta.

▲▽▲▽▲▽▲▽

El agua es aproximadamente el 80% del peso de un humano al nacer.

▲▽▲▽▲▽▲▽

El agua es lo que una persona pierde mas cuando realiza una actividad física intensa y no grasa.

▲▽▲▽▲▽▲▽

El animal mas dormilón es el Koala, duerme 22 horas por día.

▲▽▲▽▲▽▲▽

El arroz consiste en un cereal considerado como básico en cocinas como la asiática y de América Latina.

▲▽▲▽▲▽▲▽

El arroz es el segundo cereal con mayor producción en el mundo, después del maíz.

▲▽▲▽▲▽▲▽

el ave más rápida es el halcón peregrino que puede alcanzar los 340 km/h al lanzarse en picada sobre su presa.

▲▽▲▽▲▽▲▽

El búho puede girar la cabeza 360 grados.

▲▽▲▽▲▽▲▽

El caballo que mas vivió hasta ahora llegó a tener 64 años.

▲▽▲▽▲▽▲▽

El canguro rojo puede dar un salto de hasta 12 metros.

▲▽▲▽▲▽▲▽

El caracol tarda una hora en caminar medio metro.

▲▽▲▽▲▽▲▽

El cerebro puede habituarse a los olores, incluso a los más horribles. Simplemente desconecta y cesan de percibirse.

▲▽▲▽▲▽▲▽

El champagne fue inventado por un monje del siglo 18 llamado Dom Perignon.

▲▽▲▽▲▽▲▽

El cheetah (el guepardo) es el unico felino en el mundo que no puede retractar sus garras.

▲▽▲▽▲▽▲▽

El chocolate es tóxico para los gatos

El chocolate se obtiene de la mezcla de azúcar con productos derivadas de las semillas del cacao.

el chow-chow posee una lengua negra.

El consumo de chocolate por persona alcanza los 3 kgs cada año.

El coral está hecho de esqueletos de pequeños animales.

El corazón de esta especie puede pesar hasta 10 kgs. y medir 60 cm. de longitud.

El corazón de un gato late dos veces más rápido, que el de los seres humanos

▲▽▲▽▲▽▲▽

El corazón del colibrí, igual que el del canario, late hasta 1.000 veces por minuto.

▲▽▲▽▲▽▲▽

El corazon del erizo late un promedio de 300 veces por minuto.

▲▽▲▽▲▽▲▽

El corazón es el músculo corporal que más duro trabaja.

▲ ▽▲▽▲▽▲▽

El corazon humano tipico late mas de 100,000 veces en un dia.

▲▽▲▽▲▽▲▽

El cuello de la jirafa tiene el mismo número de huesos que el nuestro

El cuervo puede vivir hasta 80 años.

El elefante africano es el animal terrestre más grande. Para mantenerse necesita diariamente más de 200 kilos de comida

El elefante es el unico mamifero que no puede saltar.

▲▽▲▽▲▽▲▽

El encendedor de cigarrillos fue inventado antes que el fosforo (cerillo).

▲▽▲▽▲▽▲▽

El equipo ASEC Abidjan de Costa de Marfil cuenta como invicto con 108 partidos.

El equipo Celtic FC de Escocia cuenta como invicto con 62 partidos.

▲▽▲▽▲▽▲▽

El equipo Cobreloa de Chile cuenta como invicto con 91 partidos.

▲▽▲▽▲▽▲▽

El equipo Espérance de Túnez cuenta como invicto con 85 partidos.

▲▽▲▽▲▽▲▽

El equipo Estrella Roja de Belgrado de Serbia cuenta como invicto con 96 partidos.

▲▽▲▽▲▽▲▽

El equipo FC Nantes de Francia cuenta como invicto con 92 partidos.

▲▽▲▽▲▽▲▽

El equipo PSV Eindhoven de Países Bajos cuenta como invicto con 93 partidos.

El equipo Real Madrid de España cuenta como invicto con 121 partidos.

El equipo Steaua Bucarest de Rumania cuenta como invicto con 104 partidos.

▲▽▲▽▲▽▲▽

El equipo Talleres De Córdoba de Argentina cuenta como invicto con 66 partidos.

▲▽▲▽▲▽▲▽

El espermatozoide masculino es la CÉLULA más pequeña del cuerpo y el óvulo femenino la mayor.

▲▽▲▽▲▽▲▽

El estado de Florida en Estados Unidos es mas grande que el pais de Inglaterrra.

El estómago tiene que producir una nueva capa de mucosa cada dos semanas, de otra manera se digeriría el mismo.

▲▽▲▽▲▽▲▽

El frenillo que va debajo de la lengua sirve para que uno no se la trague y se ahogue con ella.

▲▽▲▽▲▽▲▽

El gato es instintivamente un cazador,pero si su madre no le enseña mientras dura la crianza,nunca será uno realmente efectivo

▲▽▲▽▲▽▲▽

El grasnido del pato no causa eco.

▲▽▲▽▲▽▲▽

El guepardo es el animal más rápido a cuatro patas pudiendo alcanzar hasta 100 Km/h.

▲▽▲▽▲▽▲▽

El hábitat del oso polar es el medio polar y principalmente las zonas heladas en el hemisferio norte.

El habitat preferido de esta especie incluye selvas humedas y densas, pero tambien se adapata a terrenos abiertos o boscosos.

El hámster es capaz de mantener 65 acoplamientos en una hora (menos de 1 por minuto)

El hombre tiene 32 dientes, el perro 42.

El hueso más largo es el fémur (46 cm), y el más pequeño el estribo del oído (2,5 mm = la punta de un lápiz).

▲▽▲▽▲▽▲▽

El jaguar es la unica de las cuatro especies del
genero Panthera que habita en America.

▲▽▲▽▲▽▲▽

El lago llamado Great Salt Lake contiene tanta
sal que hace que cualquier cosa flote.

▲▽▲▽▲▽▲▽

El libro más robado en Estados Unidos es La
Biblia.

▲▽▲▽▲▽▲▽

El mamífero mas pequeño del mundo es el
murciélago abejorro de Tailandia que pesa
menos que una moneda de un centavo
americano

▲▽▲▽▲▽▲▽

El mapache lava su alimento antes de comerlo.
Siempre y cuando tenga agua cerca.

El Martes es el día más productivo de la semana.

El material más resistente creado por la naturaleza es la tela de Araña.

El mayor número de crías nacidas de perros ocurrió en 1944 cuando una American Foxhound tuvo 24 cachorros.

▲▽▲▽▲▽▲▽

El mosquito tiene 47 dientes, el tiburón ballena tiene más de 4.500 y el pez-gato tiene 9.280.

▲▽▲▽▲▽▲▽

El murciélago es el único mamífero que vuela.

El músculo más grande es el glúteo (nalgas), y el más pequeño es el del estribo (1,26 mm de longitud).

▲▽▲▽▲▽▲▽

El nombre más común en el mundo es Mohammed.

▲▽▲▽▲▽▲▽

El nombre mas comun en Italia es Mario Rossi.

▲▽▲▽▲▽▲▽

El numero de empleados que cuenta la empresa McDonald's son mas de 400,000.

▲▽▲▽▲▽▲▽

El ojo del avestruz es más grande que su cerebro.

▲▽▲▽▲▽▲▽

El ojo del avestruz es mas grande que su cerebro.

▲▽▲▽▲▽▲▽

El origen de los tigres es el continente asiático y son los felinos más grandes del mundo.

▲▽▲▽▲▽▲▽

El origen del arroz es antiguo y se considera a China e India como las regiones donde se comenzó su cultivo.

▲▽▲▽▲▽▲▽

El oso polar es reconocido como uno de los carvinoros terrestres más grandes y como súper depredador del Ártico.

▲▽▲▽▲▽▲▽

El oso polar se diferencia por ser más alargado de las patas, característica que les permite nadar grandes distancias.

▲▽▲▽▲▽▲▽

El oso polar tiene la piel negra bajo su pelambre blanco.

▲▽▲▽▲▽▲▽

El pájaro tejedor republicano construye los nidos más grandes del mundo, los cuales pueden medir 5 metros de ancho.

▲▽▲▽▲▽▲▽

El pan tipo dona fue inventado en 1847 por Hanson Gregory, un capitan de barco que ni siquiera era cocinero.

▲▽▲▽▲▽▲▽

El pelo crece unos 2-3 mm por semana.

▲▽▲▽▲▽▲▽

El perezoso de tres dedos se mueve a una velocidad de 2,2 metros por hora.

▲▽▲▽▲▽▲▽

El periodo de vida de un oso polar es de hasta 25 o 30 años en estado salvaje.

▲▽▲▽▲▽▲▽

El perro es un cánido igual que los lobos,coyotes,chacales,zorros,etc

▲▽▲▽▲▽▲▽

El perro nacional en alemania es el gran danes

▲▽▲▽▲▽▲▽

El perro vivo mas viejo: 29 años.

▲▽▲▽▲▽▲▽

El perro, solamente se torna maduro cuando llega al año y medio de vida, o a veces hasta más.

▲▽▲▽▲▽▲▽

El pez mas pequeño del mundo mide 8 milímetros.

El pez vela es sin duda el pez más rápido que surca los mares pudiendo alcanzar en distancias cortas la velocidad de 110 Km/h

▲▽▲▽▲▽▲▽

El pH de la leche de vaca es de 6.

▲▽▲▽▲▽▲▽

El piano fue inventado por Bartolomeo Cristofori en Italia en 1698.

▲▽▲▽▲▽▲▽

El pinguino es la unica ave que puede nadar pero no puede volar.

▲▽▲▽▲▽▲▽

El polvo de la casa contiene una cantidad enorme de células muertas de nuestra piel.

El polvo que vemos frente al resplandor que entra por la ventana,está compuesto en 90% por células muertas de nuestro cuerpo

▲▽▲▽▲▽▲▽

El premio de los Cracker Jack fue incluido en 1913.

▲▽▲▽▲▽▲▽

El primer animal que se ha enviado al espacio, en 1957, fue una perra sin hogar llamada Laika. Acabó muriendo en el espacio.

▲▽▲▽▲▽▲▽

El primer año de un perro equivale a 21 años humanos, cada año canino posterior es de 4 años humanos.

▲▽▲▽▲▽▲▽

El primer concierto para piano fue realizado por Henry Walsh en Dublín, Irlanda en 1976.

El primer fabricante de pianos en Japon fue Yamaha Corporation en 1887.

El primer termómetro en lugar de mercurio usaba brandy.

▲▽▲▽▲▽▲▽

El promedio de alimentos que un ser humano come en su vida es de 50 toneladas y 50.000 litros de bebidas.

▲▽▲▽▲▽▲▽

El pulmón derecho es más grande que el izquierdo; este debe dejar espacio al corazón.

▲▽▲▽▲▽▲▽

El punto mas alto en Pennsylvania es mas bajo que el punto mas bajo en Colorado.

El reloj interno de un perro es excelente.siempre sabe cuando es la hora de comer,de pasear,de vuelta del trabajo de su amo...

El Rey de Espadas es el unico rey sin bigote.

El río principal de este país es el Danubio con el cual se genera energia hidroelectrica y también es frontera con Bulgaria.

El ronroneo de los gatos tiene la capacidad de tranquilizarlos a sí mismos cuando están enfermos o asustados

El sentido auditivo d los tigres es el mas desarrollado d esta especie,además también tiene una visión nocturna 6 veces mayor

▲▽▲▽▲▽▲▽

El sentido del olfato mejora cuando se inhala con fuerza debido a que más sustancias llegan a los receptores de la nariz.

▲▽▲▽▲▽▲▽

El sistema de ferrocarriles de la India genera más de un millón de empleos.

▲▽▲▽▲▽▲▽

El sonido real del corazón es algo parecido a "ducta-duc", sonido que se produce al cerrarse las válvulas.

▲▽▲▽▲▽▲▽

El sudor sirve para refrescar la piel en épocas de calor.

▲▽▲▽▲▽▲▽

El tábano Hybomitra hinei wrighti alcanza la velocidad de 145 km/h.

El tamaño del cerebro de un cocodrilo es igual al del dedo pulgar de una persona.

El termino piano se basa en su nombre original en Italiano pianoforte que significa suave.

▲▽▲▽▲▽▲▽

El Terrier Tibetano suele vivir hasta los 20 años

▲▽▲▽▲▽▲▽

El tiburón ballena tiene 4.500 dientes.

▲▽▲▽▲▽▲▽

El tiburón ballena tiene más de 4,500 dientes.

▲▽▲▽▲▽▲▽

El Tiburón Enano no supera los 25 cm.

▲▽▲▽▲▽▲▽

El tiempo que necesita para dormir es de 2 horas al día, en intervalos de no más de 7 minutos.

El tigre de sumatra es la especie mas pequeña y las especies de mayor tamaño son el tigre de Amur y el tigre de Bengala.

▲▽▲▽▲▽▲▽

El topo puede excavar en tierra 5 metros por hora.

▲▽▲▽▲▽▲▽

El único animal visible desde el espacio son los corales.

▲▽▲▽▲▽▲▽

El unico continente sin reptiles o serpientes es la Antartica.

El zorrillo se alimenta de abejas, sin importarle sus aguijones.

▲▽▲▽▲▽▲▽

El vuelo mas largo que ha hecho una gallina es de 13 segundos.

▲▽▲▽▲▽▲▽

Elvis Presley tenía el cabello rubio y se lo pintaba negro.

▲▽▲▽▲▽▲▽

Elvis Presley tuvo un gemelo que murió al nacer. Lo llamaron Jesee Garren Presley.

▲▽▲▽▲▽▲▽

En 10 minutos, un huracan libera mas energia que todas las armas nucleares del mundo combinadas.

En 1694 los jueces se vistieron de negro para llorar la muerte de la reina Maria II y han permanecido asi desde entonces.

▲▽▲▽▲▽▲▽

En 2000 Figo de Portugal del equipo FC Barcelona al Real Madrid CF alcanzó 60 – 61 millones de euros.

▲▽▲▽▲▽▲▽

En 2000 Hernán Crespo de Argentina del equipo Parma FC al SS Lazio alcanzó 51 millones de euros.

▲▽▲▽▲▽▲▽

En 2001 Christian Vieri de Italia del equipo SS Lazio al Inter de Milan alcanzó 45.5 millones de euros.

▲▽▲▽▲▽▲▽

En 2001 Gianluigi Buffon de Italia del equipo Parma FC al Juventus FC alcanzó 46.8 millones de euros.

En 2001 Zinedine Zidane de Francia del equipo Juventus FC al Real Madrid CF alcanzó 75 millones de euros.

En 2002 Rio Ferdinand de Inglaterra del equipo Leeds United FC al Manchester United FC alcanzó 46 millones de euros.

En 2007 fue el monumento mas visitado con alrededor de 7 millones de turistas.

▲▽▲▽▲▽▲▽

En 2009 Cristiano Ronaldo de Portugal del equipo Manchester United FC al Real Madrid CF alcanzó los 94 millones de euros.

En 2009 Kaká de Brasil del equipo AC Milan al Real Madrid CF alcanzó 65 millones de euros.

En 2009 Zlatan Ibrahimovic de Suecia del equipo Inter de Milán al FC Barcelona alcanzó 66 millones de euros.

▲▽▲▽▲▽▲▽

En 2011 Fernando Torres de España del equipo Liverpool FC al Chelsea FC alcanzó 58 millones de euros.

▲▽▲▽▲▽▲▽

En Atenas destacan los museos al aire libre como odeón de Herodes Ático ubicado al pie de la Acrópolis.

En Atenas se conservan monumentos de la época clásica griega, monumentos romanos y bizantinos.

En Bangladesh, los niños de 15 años pueden ser encarcelados por hacer trampa en sus examenes finales.

▲▽▲▽▲▽▲▽

En Bulgaria, los bulgaros mueven la cabeza de arriba a abajo para decir 'no' y de un lado a otro para decir 'si'.

▲▽▲▽▲▽▲▽

En cada caja de Cracker Jack hay 9 nueces por cada onza, menos que en la caja original de 1893.

En China las familias de Pekín tendrán derecho a tener un solo perro por casa y por familia.

151

▲▽▲▽▲▽▲▽

En comparación con otros cereales el arroz,
destaca por tener menos fibra dietética lo que
hace que sea más digestivo.

▲▽▲▽▲▽▲▽

En el espacio los astronautas no pueden llorar
porque a falta de atraccion gravitatoria, las
lagrimas no pueden fluir.

▲▽▲▽▲▽▲▽

En el estómago caben entre medio litro y 2
litros de alimento.

▲▽▲▽▲▽▲▽

En el mes de Febrero en el año de 1865 fue el
único mes en la historia que no hubo luna llena.

▲▽▲▽▲▽▲▽

En el mundo existen aproximadamente 5,000 lenguajes diferentes, dpendiendo en como se cuenten.

En el mundo hay aproximadamente el mismo número de ratas que de personas.

En el siglo 19 en Inglaterra, el intento de suicidio era castigado con la horca.

En Estados Unidos los policías comen donas, en México comen tacos.

En gatos domésticos el ronroneo tiene una frecuencia entre 25 y 150 vibraciones por segundo

En la antártida, el sol se ve de color verde
debido a las condiciones atmosféricas.

En la antigua china la gente se colocaba
pequeños perros entre las mangas de las
vestimentas para mantenerse caliente

▲▽▲▽▲▽▲▽

En la antigua Inglaterra la gente no podia tener
sexo sin contar con el

▲▽▲▽▲▽▲▽

En la cocina India la cocción del arroz se realiza
con abundante agua.

▲▽▲▽▲▽▲▽

En la cocina japonesa y china, el arroz se
prepara sin exceso de agua lo que permite que
se pueda comer con palillos.

En la isla Príncipe Carlos Forland se descubrió el fósil de oso polar mas antiguo que data de hace 130,000 a 110,000 años.

▲▽▲▽▲▽▲▽

En la tierra, se producen alrededor de 6,000 rayos atmosfericos cada minuto.

▲▽▲▽▲▽▲▽

En países como Estados Unidos se tiene un número aproximado de 10 millones de pianos.

▲▽▲▽▲▽▲▽

En promedio los perros viven de 8-15 años

▲▽▲▽▲▽▲▽

En todo el mundo, McDonald's ha vendido más de 100,000 millones de hamburguesas.

▲▽▲▽▲▽▲▽

En Tokio venden peluquines para perros.

▲▽▲▽▲▽▲▽

En un gran lago de Bélgica se vio una bandada de libélulas que abarcaba una extensión de 170 kilómetros cuadrados.

▲▽▲▽▲▽▲▽

En Yap, una isla del pacífico, se utilizan grandes piedras a manera de dinero.

▲▽▲▽▲▽▲▽

Entre las empresas destacadas de Taiwán se incluyen Acer, Adata, Asus, Gigabyte, Trend micro y Genius.

▲▽▲▽▲▽▲▽

Entre los beneficios a la salud destaca el chocolate negro que beneficia al sistema circulatorio.

▲▽▲▽▲▽▲▽

Entre los inventos que destacan de la India se encuentran la trigonometría y el algebra además del ajedrez.

▲▽▲▽▲▽▲▽

Es contra la ley eructar o estornudar en cierta iglesia en Omaha, Nebrasca en Estados Unidos.

▲▽▲▽▲▽▲▽

Es físicamente imposible para los cerdos mirar al cielo.

▲▽▲▽▲▽▲▽

Es imposible estornudar con los ojos abiertos

▲▽▲▽▲▽▲▽

Es posible enseñarle a un gato a dar la pata como si fuera un perro, pero requerirás mucha paciencia para lograrlo

Es posible hacer que una vaca suba escaleras pero no que las baje.

▲▽▲▽▲▽▲▽

Esto es cierto en parte, existe un mayor porcentaje de gatos con sordera.

▲▽▲▽▲▽▲▽

Existen 96.000 km de vasos sanguíneos en el interior del cuerpo humano.

▲▽▲▽▲▽▲▽Existen alrededor de 8,000 especies de manzanas.

▲▽▲▽▲▽▲▽Existen más de 42 mil especies y 110 familias en el mundo.

▲▽▲▽▲▽▲▽Existen más de 50 especies oceánicas en el Río Amazonas, incluyendo delfines de nariz larga y tiburones.

▲▽▲▽▲▽▲▽Existen mas flamingos de plastico en los Estados Unidos que flamingos de verdad.

Fue contra la ley cerrar de golpe la puerta de los automoviles en una ciudad en Suiza.

Gato Ashera: Es catalogado como el gato mas grande que existe. Su precio es de 10 mil dólares.

▲▽▲▽▲▽▲▽

Generalmente, la boca de un perro tiene menos bacterias y gérmenes que la boca de un humano.

▲▽▲▽▲▽▲▽

Gota a gota, el veneno más tóxico de un insecto es el de la viuda negra.

▲▽▲▽▲▽▲▽

Hace 5 mil años de origen el Yoga en la India.

Hace mas de 3,000 años, la mayoria de los egipcios morian a la edad aproximada de 30 años.

▲▽▲▽▲▽▲▽

Hasta 12 litros de agua puede beber una persona sana.

▲▽▲▽▲▽▲▽

Hasta un 40 porciento d las mordidas por víboras de cascabel son mordidas secas que no contienen o casi no contienen veneno

▲▽▲▽▲▽▲▽

Hay 1,929,770,160,028,800 diferentes combinaciones de color posibles en un cubo de Rubik.

▲▽▲▽▲▽▲▽

Hay 2,598,960 combinaciones posibles de 5 cartas en un mazo de 52 cartas.

Hay más de 52.6 millones de perros en los Estados Unidos.

▲▽▲▽▲▽▲▽

Hay mas de 800 razas de perros.

▲▽▲▽▲▽▲▽

Hay mas peliculas de Holliwood que se han hecho sobre Box que de cualquier otro deporte.

▲▽▲▽▲▽▲▽

Hay peces en las profundidades que generan su propia luz.

▲▽▲▽▲▽▲▽

Hay que desplumar alrededor de 18 gansos grandes para llenar una almohada mediana con sus plumas.

Hay una ciudad llamada Roma en cada continente.

Hay unos 100.000 pelos en la cabeza.

▲▽▲▽▲▽▲▽

Hay unos 100.000 pelos en la cabeza. (yo tengo menos jajaja)

▲▽▲▽▲▽▲▽

Igual que las huellas digitales, cada lengua es única.

▲▽▲▽▲▽▲▽

Inicialmente la isla fue poblada por pueblos malayo-polinesio y fue nombrada como Formosa por los portugueses.

John Phipp lo denomino como oso marítimo basándose precisamente en el hábitat natural del oso polar.

La "canción" que canta una ballena puede durar meses enteros. Se trata de un sonido continuo y monótono muy propio.

La 1ª criatura viviente en ser enviada al espacio fue la perra Laika(urss-3/11/1957)

La Acrópolis de Atenas y el Monasterio medieval de Dafni son monumentos considerados Patrimonio de la Humanidad.

La agresividad sexual de la rana toro macho es tal que se aparea con todo aquello que se mueva .

La altura de esta especie es de
aproximadamente entre 160 y 185 cms.

La altura de esta torre es de 300 metros y
alcanza los 324 metros con la antena.

▲▽▲▽▲▽▲▽

La Anaconda es la serpiente mas grande del
mundo: llega a medir hasta 9mts.

▲▽▲▽▲▽▲▽

La aracnología es la especialidad que se encarga
del estudio de las arañas.

▲▽▲▽▲▽▲▽

La ballena franca de Groenlandia (Balaena
mysticetus) puede vivir 210 años.

La ciudad de Atenas cuenta con abundancia en restos arqueológicos importantes como el Partenón en la Acrópolis.

▲▽▲▽▲▽▲▽

La ciudad de Atenas es una de las más antiguas con una historia de más de 3,000 años.

▲▽▲▽▲▽▲▽

La ciudad de Bucarest además de ser capital de Hungría es también la ciudad más grande y es conocida como Paris del Este.

▲▽▲▽▲▽▲▽

La cobra asiática, Naja naja, causa la muerte de 15.000 personas al año.

▲▽▲▽▲▽▲▽

La comida pasa de 3 a 5 horas en el estómago y de 6 a 20 en el intestino grueso.

La construcción de la torre se llevo a cabo en dos años, dos meses y cinco días.

▲▽▲▽▲▽▲▽

La cucaracha puede vivir nueve días sin su cabeza, antes de morir de hambre.

▲▽▲▽▲▽▲▽

La cucaracha tiene dos cerebros, uno en la cabeza y otro menor en su cola.

▲▽▲▽▲▽▲▽

La dilatación térmica hace que la torre llega a medir 18 cm. más en verano que en invierno.

▲▽▲▽▲▽▲▽

La distancia entre los ojos de un cocodrilo, en pulgadas, es directamente proporcional a todo su largo en pies.

La endidura que tenemos arriba del labio superior se llama filtrum.

▲▽▲▽▲▽▲▽

La estrella de mar es uno de los unicos animales que pueden voltear hacia afuera su estomago.

▲▽▲▽▲▽▲▽

La extensión territorial de este país es de 238,391 kilómetros cuadrados.

▲▽▲▽▲▽▲▽

La falta de alguna vitamina puede ser causa de determinadas enfermedades.

▲▽▲▽▲▽▲▽

La fiebre es un arma utilizada por el sistema inmune para defenderse de patógenos.

▲▽▲▽▲▽▲▽

La fuente principal de Agua dulce se encuentra bajo tierra en los acuíferos y no en la superficie.

La gente inteligente tiene mas zinc y cobre en su cabello.

La gente rubia tiene más pelo que la gente de pelo oscuro.

▲▽▲▽▲▽▲▽

La gestacion del jaguar tienen una duracion de entre 90 y 105 dias.

▲▽▲▽▲▽▲▽

La India dió el derecho de votar a los eunucos en 1994.

▲▽▲▽▲▽▲▽

La india es el segundo país más poblado del mundo y el séptimo más extenso.

La india fue el único productor de diamantes hasta el año 1896.

La isla de Taiwán es también conocida como Formosa en portugués Ilha Formosa que significa isla hermosa.

▲▽▲▽▲▽▲▽

La Jirafa duerme tan solo 7 minutos por día y lo hace de pie.

▲▽▲▽▲▽▲▽

La jirafa es el único mamífero que no tiene cuerdas vocales, por lo que es completamente muda.

▲▽▲▽▲▽▲▽

La jirafa puede limpiarse los oidos con su lengua de 21 pulgadas de largo.

La laringe es más grande en los hombres debido a que éstos pueden producir sonidos más graves.

▲▽▲▽▲▽▲▽

La larva de la mariposa come 86,000 veces lo que pesa.

▲▽▲▽▲▽▲▽

La lengua de una ballena azul pesa como un elefante adulto.

▲▽▲▽▲▽▲▽

La lengua humana mide unos 10 cm de longitud.

▲▽▲▽▲▽▲▽

La lengua se compone de 16 músculos individuales.

La letra "J" no aparece en ninguna parte en la tabla periodica de los elementos.

▲▽▲▽▲▽▲▽

La letra o texto del himno nacional japones data del siglo IX pero la musica fue compuesta en 1880.

▲▽▲▽▲▽▲▽

La letra Q es la unica del alfabeto que no aparece en ninguno de los nombres de los estados de Estados Unidos.

▲▽▲▽▲▽▲▽

La libélula vive un día.

▲▽▲▽▲▽▲▽

La lombriz tiene 10 corazones situados a los lados del cuerpo.

▲▽▲▽▲▽▲▽

La mantis religiosa o campamocha es el unico insecto que puede voltear su cabeza.

▲▽▲▽▲▽▲▽

La mayoria de las particulas de polvo en las casas estan hechas de piel muerta.

▲▽▲▽▲▽▲▽

La mayoría de los gatos blancos con ojos azules son sordos, a no ser que tengan un ojo de color distinto al otro.

▲▽▲▽▲▽▲▽

La mayoría de los gatos se sienten atraídos por el mentol (pastillas, pasta de dientes etc.)

▲▽▲▽▲▽▲▽

La mayoría de los peces de colores solo tienen tres segundos de memoria.

▲▽▲▽▲▽▲▽

La media luna de la base de la uña es una capa de piel.

▲▽▲▽▲▽▲▽

La menor raza de can es el Chihuahua cuyo peso reconocido se encuentra entre 90 gramos hasta 2,75 kg.

▲▽▲▽▲▽▲▽

La moneda de este país es el nuevo dólar taiwanés.

▲▽▲▽▲▽▲▽

La mosca domestica tiene 4000 ojos simples.

▲▽▲▽▲▽▲▽

La mosca vomita su comida y después se la vuelve a comer.

▲▽▲▽▲▽▲▽

La nariz ayuda a un perro a mantenerse fresco.de hecho entre mas larga sea,es mas facil de eliminar el calor excesivo

▲▽▲▽▲▽▲▽

La navaja dorada encontrada en la tumba del rey Tutankhamen estaba lo suficientemente afilada como para ser usada.

▲▽▲▽▲▽▲▽

La nuez moscada es extremandamente venenosa si es inyectada en forma intravenosa.

▲▽▲▽▲▽▲▽

La orina contiene muchos nutrientes útiles para las plantas.

La orina del gato brilla bajo la luz negra (ultravioleta).

▲▽▲▽▲▽▲▽

La paciencia es la característica más importante a la hora de que le enseñes a tu perro a "ir al baño".

▲▽▲▽▲▽▲▽

La palabra "soda" la sacamos de uno de sus componetes que se utiliza para producir las burbujas: el sodio.

▲▽▲▽▲▽▲▽

La palabra mas larga del castellano es 'anticonstitucionalmente', seguida

▲▽▲▽▲▽▲▽

La piel contiene un pigmento,la melanina, que da el color a la piel y protege del sol.Las pieles oscuras tienen más melanina.

▲▽▲▽▲▽▲▽

La piel del tigre es rallada, no solo su pelambre.

▲▽▲▽▲▽▲▽

La piel tiene un grosor de dos milímetros.

▲▽▲▽▲▽▲▽

La pieza mas antigua de goma de mascar tiene mas de 9,000 años.

▲▽▲▽▲▽▲▽

La pirámide que ocupa el cuarto lugar en tamaño es la pirámide de Luxor, un casino en Las Vegas.

▲▽▲▽▲▽▲▽

La población del área metropolitana de Atenas es de 3.8 millones de habitantes.

▲▽▲▽▲▽▲▽

La población estimada de la India es de mas de mil 160 millones de habitantes.

▲▽▲▽▲▽▲▽

La población total de Taiwán es de aproximadamente 22.5 millones de habitantes.

La posicion de los ojos de un burro le permite verse las cuatro patas al mismo tiempo

La posición sexual "del misionero" fue una vez la única posición sexual aceptada por la Iglesia.

▲▽▲▽▲▽▲▽

La potencia generada al día por un corazón bastaría para mover un coche 32 kilómetros.

▲▽▲▽▲▽▲▽

La primer Universidad y la primera escuela tienen su origen histórico en la India.

▲▽▲▽▲▽▲▽

La rana Kermit (la rana Rene) de Plaza Sesamo y el Show de los Muppets, es zurda.

La raza de perro mas pesada: San Bernardo.

▲▽▲▽▲▽▲▽

La raza de perro más veloz: Galgo(72km/h).

▲▽▲▽▲▽▲▽

La saliva de los tigres es antiséptica y le permite limpiar sus heridas.

▲▽▲▽▲▽▲▽

La seda de las arañas es liquida y al contacto con el aire se vuelve sólida.

▲▽▲▽▲▽▲▽

La silla electrica fue inventada por un dentista.

▲▽▲▽▲▽▲▽

La substancia natural más dura en La Tierra es el diamante.

▲▽▲▽▲▽▲▽

La superstición cuenta que escuchar el estornudo de un gato es de buena suerte

La tenia o solitaria es un parásito intestinal que llega a alcanzar los 10 metros de longitud.

La tierra pesa alrededor de 6,588,000,000,000,000,000,000,000 toneladas.

▲▽▲▽▲▽▲▽

La Torre Eiffel es símbolo de Francia y de su capital.

▲▽▲▽▲▽▲▽

La zanahoria ayuda a ver en la oscuridad, porque tiene vitamina A.

▲▽▲▽▲▽▲▽

Las abejas nacen con el mismo tamaño que tienen a lo largo de su vida.

▲▽▲▽▲▽▲▽

Las arañas están cubiertas con una sustancia de aceite que evita que se queden pegadas en sus propias telas.

▲▽▲▽▲▽▲▽

Las arañas tienen en las patas su aparato auditivo.

▲▽▲▽▲▽▲▽

Las ballenas duermen mientras nadan lentamente.

▲▽▲▽▲▽▲▽

Las celulas que componen las astas de los alces son las celulas animales mas rapidas de la naturaleza.

▲▽▲▽▲▽▲▽

Las cigarras. Pueden oírse a 400 metros de distancia.

Las ciudades de mayor población de Taiwán son la capital Taipéi, Kaohsiung con 1.5 millones y Taichung con 850 mil habitantes.

Las compañías de teléfonos móviles destacadas de este país son HTC y BenQ.

Las costillas humanas se mueven alrededor de 5 millones de veces al año, o sea, cada vez que respiramos.

Las cotorras tienen tanta inteligencia natural como un niño de tres años de edad.

Las crias de las aves petirojos comen 14 pies de lombrices cada dia.

▲▽▲▽▲▽▲▽

Las donas causan que la persona se vuelva más activa, por sus altos contenidos en azúcares y harina.

▲▽▲▽▲▽▲▽

Las estrellas de mar no tienen cerebro.

▲▽▲▽▲▽▲▽

Las galletas de la fortuna fueron inventadas en america por Charles Jung en 1918.

▲▽▲▽▲▽▲▽

Las gatas pueden tener de 3 a 7 gatitos cada cuatro meses y durante su vida, una gata puede llegar a tener 100 gatito

▲▽▲▽▲▽▲▽

Las hormigas no duermen.

▲▽▲▽▲▽▲▽

Las hormigas pueden cargar 20 veces su propio cuerpo. Aunque otras fuentes dicen que hasta 50 veces.

▲▽▲▽▲▽▲▽

Las hormigas se estiran cuando despiertan en la mañana.

▲▽▲▽▲▽▲▽

Las hormonas se encuentran en la sangre.

▲▽▲▽▲▽▲▽

Las jirafas alcaza una velocidad de hasta 60 km /h.

▲▽▲▽▲▽▲▽

Las jirafas pueden recorrer muchos kilómetros sin tomar agua cuando se alimentan de frutos y hojas verdes.

▲▽▲▽▲▽▲▽

Las lágrimas son necesarias para mantener los ojos húmedos y limpios.

Las manzanas son mas eficientes que la cafeina para mantener a la gente despierta en las mañanas.

Las mayores poblaciones de oso polar se encuentran en el norte y oeste de Alaska, Canadá, Groenlandia y Siberia.

▲▽▲▽▲▽▲▽

Las mujeres parapadean casi el doble que los hombres.

▲▽▲▽▲▽▲▽

Las mulas son casi siempre estériles y no pueden procrear. Las mulas son el resultado de un burro con una yegua.

▲▽▲▽▲▽▲▽

Las niñas crecen con más rapidez que los niños.

▲▽▲▽▲▽▲▽

Las orugas tienen cuatro mil músculos. Los humanos tienen 600.

▲▽▲▽▲▽▲▽

Las ovejas no beben agua en movimiento.

▲▽▲▽▲▽▲▽

Las papilas gustativas de los gatos no detectan los sabores dulces

▲▽▲▽▲▽▲▽

Las papilas gustativas funcionan solo cuando la saliva disuelve las sustancias del alimento y pasa sobre las papilas.

▲▽▲▽▲▽▲▽

Las pecas se deben a una producción desigual de melanina.

Las personas que tienen gatos viven más, tienen menos estrés, y tienen menos ataques al corazón.

▲▽▲▽▲▽▲▽

Las ratas se multiplican tan rápidamente que en 18 meses, dos ratas pueden tener más de un millón de descendientes.

▲▽▲▽▲▽▲▽

Las rayas de las cebras son distintas en cada individuo y les ayudan a reconocerse unas a otras y también a camuflarse.

▲▽▲▽▲▽▲▽

Las tarántulas no pueden tejer telarañas.

Las tortugas forman parte de una clasificación de reptiles Sauropsida.

▲▽▲▽▲▽▲▽

Las tortugas gigantes de las islas Galápagos pueden alcanzar los 150 años.

▲▽▲▽▲▽▲▽

Las uñas crecen 0,55 mm por semana. Pueden alcanzar los 30 cm de longitud.

▲▽▲▽▲▽▲▽

Las uñas de la mano tardan 6 meses en crecer desde la base a la punta.

▲▽▲▽▲▽▲▽

Las uñas de los dedos de las manos crecen casi cuatro veces mas rapido que las uñas de los dedos de los pies.

Las variedades d arroz en el mundo alcanzan una cifra d más de 10 mil,pero para su preparación se clasifica por tamaño y forma

▲▽▲▽▲▽▲▽

leteros indicando "CUIDADO CON EL PERRO"se han encontrado en las antiguas ciudades de roma

▲▽▲▽▲▽▲▽

Lev, la palabra hebrea para corazón, aparece 190 veces en la biblia judía con muchas connotaciones distintas.

▲▽▲▽▲▽▲▽

Los gatos también tienen estrés.

▲▽▲▽▲▽▲▽

Los antiguos egipcios se afeitaban las cejas en señal de luto cuando su gato fallecía

▲▽▲▽▲▽▲▽

Los Aztecas, en Tenochtitlán, tenían drenaje en sus viviendas.

▲▽▲▽▲▽▲▽

Los bebés tienen 300 huesos. Los adultos, 206.

▲▽▲▽▲▽▲▽

Los bigotes de los gatos sirven para orientarse en la oscuridad.

▲▽▲▽▲▽▲▽

Los bigotes del gato se caen periódicamente y vuelven a crecer

▲▽▲▽▲▽▲▽

Los buhos son las unicas aves que pueden ver el color azul.

▲▽▲▽▲▽▲▽

Los camellos aguantan hasta 10 días sin beber agua pero cuando hay pueden beber mas de 106 litros en una sentada.

Los camellos tienen tres párpados para protegerse de las tormentas de arena.

Los caninos que tienen las orejas paradas tienen menos posibilidades de sufrir problemas del oído.

Los chimpancés son los únicos animales aparte de los humanos que pueden reconocerse en un espejo.

Los colores de los diamantes, aparte del transparente o claro, son azul, verde, amarillo, rosa, café,anaranjado y hasta negro

Los cuernos de los rinocerontes no son óseos, sino que están compuestos de gruesos pelos densamente comprimidos.

▲▽▲▽▲▽▲▽

Los delfines duermen con un ojo abierto.

▲▽▲▽▲▽▲▽

Los delfines duermen con un ojo abierto.

▲▽▲▽▲▽▲▽

Los dientes están recubiertos de esmalte, que es la sustancia más dura que los animales fabrican.

▲▽▲▽▲▽▲▽

Los dientes humanos son casi tan duros como piedras

▲▽▲▽▲▽▲▽

Los diestros viven en promedio 9 años más que los zurdos.

Los egiptos antiguos dormian en almohadas
hechas de piedra

Los elefantes son los únicos mamíferos que no
pueden saltar

Los elefantes toman agua por la Boca. La
trompa solo les sirve para succionar el agua y
luego soplarla dentro de su Boca.

Los erizos ven todo de color amarillo.

Los esquimales tienen cientos de palabras para
la nieve y el hielo.

Los gatos consideran que ellos son los dueños de la casa donde cohabita con el humano

Los gatos duermen de 16 a 18 horas diarias. Pero aún dormidos, están alertas a cualquier estímulo

Los gatos les hacen más caso a las mujeres que a los hombres, porque reaccionan mejor ante un tono de voz agudo

Los gatos negros son generalmente más tranquilos que los blancos, que están siempre muy nerviosos

Los gatos no comprenden los castigos, pero sí las recompensas cuando hacen algo bien

Los gatos odian el olor de la naranja y de los limones.

Los gatos pierden casi la misma cantidad de líquido en la saliva mientras se limpian, como si orinaran

Los gatos pueden percibir olores con la boca

▲▽▲▽▲▽▲▽

Los gatos se comen las plantas de Marihuana

▲▽▲▽▲▽▲▽

Los gatos tienen dieciocho dedos.

▲▽▲▽▲▽▲▽

Los gatos tienen una excelente visión nocturna

Los gatos tricolores o de hasta cuatro colores,
son exclusivamente hembras.

▲▽▲▽▲▽▲▽

Los gatos ven a colores. Sin embargo, el número
que perciben es limitado y depende de la
cantidad de luz

▲▽▲▽▲▽▲▽

Los gatos y los perros, al igual que los humanos,
pueden ser zurdos o derechos.

▲▽▲▽▲▽▲▽

Los gatos y los perros, al igual que los humanos,
pueden ser zurdos o diestros.

▲▽▲▽▲▽▲▽

Los grillos tienen sangre blanca.

▲▽▲▽▲▽▲▽

Los hombres son 6 veces mas suceptibles de ser
golpeados por un rayo que las mujeres.

Los huesos de los niños crecen más rápidamente durante la primavera.

Los huesos femures son mas duros que el concreto.

▲▽▲▽▲▽▲▽

Los jaguares alcanzan un peso de hasta 96 kgs, incluso hasta 156 kg.

▲ ▽▲ ▽▲ ▽▲ ▽

Los lagos de Rumania alcanzan una cifra de más de diez mil.

▲▽▲▽▲▽▲▽

Los latidos cardíacos de un hámster pueden ser de 250 a 500 por minuto.

Los machos suelen tener un acusado sentido de la propiedad. Marcan su territorio con un orín de fuerte olor

▲▽▲▽▲▽▲▽

Los molinos de viento siempre giran al contrario de las manecillas del reloj, excepto en Irlanda.

▲▽▲▽▲▽▲▽

Los mosquitos prefieren picar a los niños que a los adultos y a los rubios que a los morenos.

Los murcielagos siempre dan vuelta a la izquierda cuando salen de una cueva.

▲▽▲▽▲▽▲▽

Los músculos más pequeños del cuerpo humano se encuentran en las orejas.

▲▽▲▽▲▽▲▽

Los músculos producen calor para mantener la temperatura corporal.

Los niños de la antigua Grecia jugaban canicas, damas, matatena, a la pelota y a saltar la cuerda.

Los niños tienen el oído más sensible que los adultos.

Los norteamericanos gastan más dinero en comida de perro, que en comida de bebé.

Los oídos de los gatos son ultrasónicos.

Los ojos de las abejas tienen un cierto tipo de pelo.

Los peces de mar pueden padecer de sed.

▲▽▲▽▲▽▲▽

Los peligros principales para las jirafas en su hábitat natural son los leones y las hienas.

▲▽▲▽▲▽▲▽

Los perros poseen una vision nocturna superior a la de los humanos

▲▽▲▽▲▽▲▽

Los perros pueden oir sonidos desde una distancia de 225 metros.

▲▽▲▽▲▽▲▽

Los perros que son de razas pequeñas suelen vivir más tiempo que las razas grandes.

Los perros salvajes que viven en manadas en Australia son llamados Dingos.

Los perros son más susceptibles a atacar un extraño corriendo, que uno que esté parado.

▲▽▲▽▲▽▲▽

Los perros sudan a través de las almohadillas plantares de sus pies.

▲▽▲▽▲▽▲▽

Los perros tienen 42 dientes, mientras que el hombre sólo tiene 32.

▲▽▲▽▲▽▲▽

Los perros tienen cerca de 100 expresiones faciales, la mayor parte de ellas es hecha con las orejas.

Los perros ven a colores, pero no tan
nítidamente como los humanos.

▲▽▲▽▲▽▲▽

Los perros y los gatos tambien son diestros o
zurdos, como los humanos.

▲▽▲▽▲▽▲▽

Los perros y los humanos compartimos el 75%
de nuestro código genético

▲▽▲▽▲▽▲▽

Los principales ingredientes del chocolate son el
azúcar y la grasa.

▲▽▲▽▲▽▲▽

Los recién nacidos se tranquilizan al oír el
sonido del corazón.

▲▽▲▽▲▽▲▽

Los riñones filtran las impurezas de la sangre a
una media de 57 litros por hora.

Los riñones filtran toda la sangre del cuerpo cada 5 minutos.

▲▽▲▽▲▽▲▽

Los sapos tienen que cerrar sus ojos para tragar.

▲▽▲▽▲▽▲▽

Los sentidos más agudos de las tortugas son el tacto y el olfato a diferencia del oído.

▲▽▲▽▲▽▲▽

Los seres humanos son los unicos primates que no tienen pigmantacion en las palmas de sus manos.

▲▽▲▽▲▽▲▽

Los sonidos producidos por tu corazón cuando late son provocados por las válvulas cardíacas al abrirse y cerrarse.

Los tacos causan pesadez y sueño al digerirse por la carne roja.

▲▽▲▽▲▽▲▽

Los tifones y terremotos son frecuentes en la isla de Taiwán debido a que es atravesada por el Trópico de Cáncer.

▲▽▲▽▲▽▲▽

Los tigres alcanzan a vivir hasta 15 años en estado salvaje y en cautiverio hasta 20 años.

▲▽▲▽▲▽▲▽

Los tigres de bengala son la especie de mayor número.

▲▽▲▽▲▽▲▽

Los tigres pueden alimentarse diariamente hasta de 27 kgs de carne y dormir 18 horas.

▲▽▲▽▲▽▲▽

Los animales no pueden dormir de espaldas,
solo el hombre.

▲▽▲▽▲▽▲▽

Los animales predicen cuando va a haber una
catástrofe..

▲▽▲▽▲▽▲▽

Mas de 1000 aves mueren anualmente por
estrellarse contra ventanas.

▲▽▲▽▲▽▲▽

Mas gente usa cepillos de dientes azules que de
color rojo.

▲▽▲▽▲▽▲▽

McDonald's fue fundado por Ray Kroc en 1955,
quien anteriormente tenia un trabajo como
vendedor de maquinas de malteadas.

▲▽▲▽▲▽▲▽

Mono obispo: Procedente de las selvas de África central tropical y ecuatorial, su valor es de 7 mil dólares.

▲▽▲▽▲▽▲▽

No hay dos huellas dactilares iguales.

▲▽▲▽▲▽▲▽

No te puedes suicidar conteniendo el aliento por ti mismo.

▲▽▲▽▲▽▲▽

Nuestro olfato se hace más débil a medida que envejecemos.

▲▽▲▽▲▽▲▽

Oler platanos y/o manzanas verdes pueden ayudar a bajar de peso.

▲▽▲▽▲▽▲▽

Para cuando tu perro cumpla los seis meses, ya debe tener todos sus dientes permanentes.

Para evitar la corrosión cada año se le aplican 50 toneladas de pintura.

▲▽▲▽▲▽▲▽

Para llamar la atención de un gato, chasquee la lengua repetidas veces bien rápido

▲▽▲▽▲▽▲▽

Para que una hembra de hamster pueda tener una cría, sólo tiene que esperar 16 días.

▲▽▲▽▲▽▲▽

Parpadeamos mas de 10,000,000 de veces en un año.

▲▽▲▽▲▽▲▽

Pluton, el simbolo astrologico de la muerte, estaba directamente sobre Dallas, Tejas cuando John F. Kennedy nacio.

Podemos resistir 7 días sin comida, pero solo 48 horas sin agua.

▲▽▲▽▲▽▲▽

El nombre del musculo del cuello es 'esternocleidomastoideo'.

▲▽▲▽▲▽▲▽

Por esto, durante la noche ven a blanco y negro, pero distinguen mejor los objetos y las distancias

▲▽▲▽▲▽▲▽

Por medio de la aerodispersión algunas especies de arañas pueden ser desplazadas por el aire al crear un hilo de seda.

▲▽▲▽▲▽▲▽

Por ser un felino habil para nadar junto con el tigre, su ubicacion se asocia con la abundancia de agua.

Prácticamente no existe otra especie de animal en el mundo que tenga la diversidad de razas como el perro.

▲▽▲▽▲▽▲▽

Pueden que dos gatos tengan un ronroneo parecido, pero a pesar de todo siempre existe alguna diferencia

▲▽▲▽▲▽▲▽

Raza mas grande de perro(altura): Gran Danes.

▲▽▲▽▲▽▲▽

Reciclar un jarra de vidrio ahorra suficiente energia como para ver la television durante 3 horas.

▲▽▲▽▲▽▲▽

Rock Hudson antes de ser actor era chofer de camiones.

Rumania limita al sur con Bulgaria, al oeste con Hungría y Serbia y al noroeste con Maldovia y Ucrania.

Rumania se divide en 8 regiones administrativas, 41 distritos y un municipio independiente que es la capital Bucarest.

Se calcula que el 99,9% de los seres vivos existentes se extinguieron antes de la aparición del hombre.

▲▽▲▽▲▽▲▽

Se estima que 6 millones de personas muertas se encuentran en las Catacumbas de Paris.

▲▽▲▽▲▽▲▽

Se imprime mas dinero del juego de Monopolio en un año que lo que se imprime de dinero real en todo el mundo.

▲▽▲▽▲▽▲▽

Se les comenzo a poner herraduras a los caballos en la epoca del Imperio Romano cuando comenzaron a pavimentar sus calles

▲▽▲▽▲▽▲▽

Se necesitan 14 minutos para hacer un huevo duro de avestruz.

▲▽▲▽▲▽▲▽

Se producen mas de 50,000 temblores terrestres en todo el mundo cada año.

▲▽▲▽▲▽▲▽

Se reporta que a Grigori Rasputin, el famoso monje, le medía el pene erecto 13 pulgadas.

Se rumora que chupar una moneda de cobre puede causar que el analizador de aliento alcoholico marque cero.

Según estudios, Los hombres utilizan un promedio de 15,000 palabras por día, las mujeres 30,000.

Shirley Temple siempre tenia 56 rizos en su cabello.

Si la temperatura de tu cuerpo baja 3 grados enseguida tiritarás de frío. Si sube 2 grados, tendrás una fiebre de aquellas.

Si la tigresa no protege a sus cachorros el tigre se los come.

Si las moscas están pesadas desde primeras horas de la mañana, las horas próximas al mediodía pueden ser de fuerte calor.

Si nos tapamos los oídos perdemos el sentido de la orientación.

▲▽▲▽▲▽▲▽

Si se erradicaran las enfermedades cardíacas, el cáncer y la diabetes, la expectativa de vida del hombre sería de 99.2 años.

▲▽▲▽▲▽▲▽

Si se mastica una goma de mascar mientras se parte cebolla puede prevenir que te irrite los ojos.

Si se pone una ciruela pasa en vaso con champagne espumoso, flotara y se hundira continuamente.

▲▽▲▽▲▽▲▽

Si tu gato se enferma y deja de lavarse, lávalo tu, ya que puede perder las ganas de vivir solo de verse sucio y olvidado

▲▽▲▽▲▽▲▽

Si un corazón adulto se conectara a un camión con un depósito de 8.000 litros, podría llenarlo en un día.

▲▽▲▽▲▽▲▽

Si un gato guarda su cola entre las patas traseras, significa que ha aceptado una derrota o que está siendo sumiso

▲▽▲▽▲▽▲▽

Si un gato levanta la cola y la mantiene totalmente estirada hacia arriba, significa que está saludando

▲ ▽ ▲ ▽ ▲ ▽ ▲ ▽

Si un gato te lame las manos, la cara o el cabello, tómalo como un gran cumplido: está acicalándote como a uno de los "suyos"

▲ ▽ ▲ ▽ ▲ ▽ ▲ ▽

Si una medusa llamada "avispa de mar" te pica, tienes 45 segundos de vida, ya que es el animal más venenoso del mundo.

▲ ▽ ▲ ▽ ▲ ▽ ▲ ▽

Sibiu es otra de las ciudades reconocidas de este país incluso ha sido reconocida como capital Europea de cultura.

▲ ▽ ▲ ▽ ▲ ▽ ▲ ▽

Solo una persona entre 2.000 millones vive 116 años o mas.

Solo una persona entre 2.000 millones vive 116 años o más.

Su cabello crece mas rápido durante la noche, y usted pierde en promedio 100 pelos por día.

Su desaparición afecta al movimiento y al sentido de orientación del animal. Por eso, es importante no cortarlos

Sylvester Stallone limpiaba las jaulas de los leones en un zoológico en el Bronx, Estados Unidos.

Taipéi es la capital de Taiwán, esta ciudad tiene una población de 2.8 millones de habitantes.

Taiwán cuenta con una superficie de 36 km cuadrados y se ubica a 200 km al sureste de China continental.

▲▽▲▽▲▽▲▽

Teufelbuhlschaft es la atracción sexual y copulación con el diablo.

▲▽▲▽▲▽▲▽

Thomas Alba Edison, el inventor de la bombilla electrica, tenia miedo a la obscuridad.

▲▽▲▽▲▽▲▽

Todas las termitas del mundo juntas pesan 10 veces mas que todos los humanos juntos.

▲▽▲▽▲▽▲▽

Todos los perros tienen como antepasado al lobo.

Tomar agua despues de comer reduce el acido en la Boca por un 61 porciento.

▲▽▲▽▲▽▲▽

Tu corazón bombea 4,5 litros de sangre por minuto, es decir 6.480 litros al día.

▲▽▲▽▲▽▲▽

Tu corazón tiene aproximadamente el mismo tamaño que tu puño.

▲▽▲▽▲▽▲▽

Un cachorrito nace ciego,sordo y sin dientes.

▲▽▲▽▲▽▲▽

Un cocodrilo no puede sacar la lengua.

▲▽▲▽▲▽▲▽

Un cocodrilo puede correr tan rápido como un caballo.

▲▽▲▽▲▽▲▽

Un colibrí pesa alrededor de 9 gramos.

▲▽▲▽▲▽▲▽

Un colibri pesa menos que un penny.

▲▽▲▽▲▽▲▽

Un dato curioso es que las hembras suelen
tener mejor visión que los machos

▲▽▲▽▲▽▲▽

Un ejemplar adulto puede alimentar se
aproximadamente de hasta 50 kgs. en un día.

▲▽▲▽▲▽▲▽

Un estornudo sale disparado fuera de la Boca a
una velocidad mayor a 100 millas por hora.

▲▽▲▽▲▽▲▽

Un estornudo viaja en tu boca a 965 Km/hr.

▲▽▲▽▲▽▲▽

Un flaquito sufre más por el frío que un gordito, porque que no cuenta con capas de grasa que le sirvan de aislante.

▲▽▲▽▲▽▲▽

Un gato casi nunca se comunica con un "miau" a otro gato, este sonido lo utiliza para comunicarse con los seres humanos

▲▽▲▽▲▽▲▽

Un gato tiene en la cola 20 huesos aproximadamente.

▲▽▲▽▲▽▲▽

Un hilo de araña es más fuerte que un alambre de acero con el mismo grosor.

▲▽▲▽▲▽▲▽

Un hipopótamo corre mas rápido que un hombre.

▲▽▲▽▲▽▲▽

Un hipopotamo puede abrir su Boca lo suficientemente grande como para que quepa un niño de 4 pies de alto dentro de ella.

▲▽▲▽▲▽▲▽

Un hoyo de golf tiene 4.25 pulgadas de diámetro y al menos 4 pulgadas de profundo.

▲▽▲▽▲▽▲▽

Un huevo blanco o uno café, son igual de nutritivos sin importar el color.

▲▽▲▽▲▽▲▽

Un león, el animal de mayor actividad sexual del mundo, puede copular con la misma hembra cien veces al día.

▲▽▲▽▲▽▲▽

Un mosquito puede "oler" la sangre humana de su cena desde una distancia de hasta 50 kilómetros.

Un oso polar se puede alimentar de hasta 30 kilogramos al día, mientras que los cachorros con 1 kilogramo.

Un osos polar macho adulto puede alcanzar una altura de 3 metros y un peso de 630 kg.

Un pino de boliche requiere solo una inclinacion de 7.5 grados para caer.

Un tempano de hielo polar comun y corriente pesa alrededor de 20,000,000 de toneladas.

Un topo puede cavar un tunel de 300 pies de largo en solo una noche.

Una bola de base ball oficial pesa entre 5 y 5.25 onzas.

Una cuarta parte de los huesos del cuerpo humano se encuentran en los pies.

Una cucaracha puede vivir varias semanas sin cabeza.

Una de las defensas de la jirafa es su fuerte pata, capaz de vencer a un león.

Una especie de rana venenosa tiene suficiente veneno como para matar alrededor de 2,200 personas.

Una moneda de 25 centavos americanos tienen 119 surcos en su orilla. Una moneda de 10 centavos tiene un surco menos.

▲▽▲▽▲▽▲▽

Una pareja de pulgas al reproducirse puede dar origen a 200 trillones de pulgas nuevas cada 9 meses.

▲▽▲▽▲▽▲▽

Una persona parpadea aproximadamente 25 mil veces por semana.

▲▽▲▽▲▽▲▽

Una persona tipica rie aproximadamente 15 veces diarias.

▲▽▲▽▲▽▲▽

Una persona tipica tiene mas de 1,460 sueños al año.

▲▽▲▽▲▽▲▽

Una raíz del cabello humano contiene una muestra completa del DNA de una persona.

Una secuencia de dos terremotos en Enero y Febrero de 1812 causó que el Río Mississippi cambiara de curso.

Una sola cucharada del veneno de una serpiente cobra, puede matar a 165 personas.

Una vaca emite a la atmósfera 182.500 litros de metano al año (una de las causas del agujero de la Capa de Ozono).

Uno de cada 4 americanos han aparecido en television.

Uno de cada ocho estadounidenses ha trabajado en la empresa de McDonald's.

▲▽▲▽▲▽▲▽

Uno de los antecesores del piano como instrumento musical es la cítara, originario de África y Asia.

▲▽▲▽▲▽▲▽

Uno de los mayores coleccionistas de tortugas es Richar Ogust con más de 1000.

▲▽▲▽▲▽▲▽

Uno de los principales exportadores y productores de productos agrícolas en Europa es Rumania.

▲▽▲▽▲▽▲▽

Uno de los sobrenombres del piano es "El rey de los instrumentos".

▲▽▲▽▲▽▲▽

Whoopi Goldberg era cosmetóloga de cadáveres.

▲▽▲▽▲▽▲▽

En Estados Unidos aunque la ley no obliga a las mujeres a tomar el apellido de sus esposos, el 70% de ellas lo prefiere

▲▽▲▽▲▽▲▽

La superstición de que el novio no debe ver a la novia antes de la boda viene de cuando los matrimonios eran arreglados

▲▽▲▽▲▽▲▽

La tradición de comer limón con el pescado comenzó en la edad media porque se pensaba que el limón podría deshacer las espinas tragadas

▲▽▲▽▲▽▲▽

↖↑↗↙↓↘

+565

Proverbios

de diferentes

países

↖↑↗↙↓↘

La tontería se situa siempre en primera fila para ser vista. La inteligencia, por el contrario, se situa detrás para observar.

↖↑↗↙↓↘

Treinta días tiene Septiembre, como Abril, Junio y Noviembre, menos de treinta solo hay uno, y los demás tienen treinta y uno.

↖↑↗↙↓↘

Dios no impuso a los ignorantes la obligación de aprender, sin antes haber tomado a los que saben el juramento de enseñar.

↖↑↗↙↓↘

«Hay cuatro cosas que no vuelven: la flecha arrojada, la palabra ya dicha, la oportunidad desperdiciada y la vida pasada».

↖↑↗↙↓↘

Cuando te inunde una enorme alegría, no prometas nada a nadie. Cuando te domine un gran enojo, no contestes ninguna carta.

A casa ind'eddu un ghjugni u soli Ci ghjugni u duttori. (Azilonu) En casa donde el sol no llega a entrar, entra el médico.

Si tienes un amigo, visítalo con frecuencia, pues las malas hierbas y las espinas invaden el camino por donde nadie pasa.

El trabajo del pensamiento se parece a la perforación de un pozo: el agua es turbia al principio, más luego se clarifica.

A bocca chjusa, nè pani nè bonbucconi.
(Frassetu) Quien se queda con la boca cerrada,
no obtiene ni pan ni buena comida.

ꓘ↑ꓭꓮ↓ꓥ

kO ar qadr ke beland bAsha, bAz Am sar-e khud
rA dAra. Cuan alta sea la montaña, hay camino
hasta la cima de ella.

ꓘ↑ꓭꓮ↓ꓥ

Jamás desesperes, aún estando en las más
sombrias aflicciones, pues de las nubes negras
cae agua limpia y fecundante.

ꓘ↑ꓭꓮ↓ꓥ

Orine felíz, orine contento, pero hágalo adentro
utilizada en los baños de las tabernas, para
educar a los borrachos.

ꓘ↑ꓭꓮ↓ꓥ

Bailar con la fea. (Realizar un trabajo desagradable y/o complicado, también significa pasar por una mala situación)

↖↑↗↙↓↘

Cuando una paloma empieza a frecuentar los cuervos, sus plumas permanecen blancas, pero su corazón se vuelve negro.

↖↑↗↙↓↘

Nosotros no heredamos la tierra de nuestros ancestros; solo la tomamos prestada de nuestros hijos tribu desconocida

↖↑↗↙↓↘

La única razón por la que el universo es infinitamente grande, es por que el ser humano es infinitamente pequeño.

↖↑↗↙↓↘

Estar hasta el cuello/la coronilla/la tusa (estar sobrepasado,en una situación límite o extrema,aburrido,cansado)

↖↑↗↙↓↘

A bocca chjusa, nè moschi nè bonbucconi. (Azilonu, Frassetu) En boca cerrada no entran ni moscas ni buena comida.

↖↑↗↙↓↘

A chì mangna u pani di u preti, bisogna à dibbità lu. (Quenza) Quien coma pan bendito, hace falta que lo merezca.

↖↑↗↙↓↘

No me meta los dedos en la boca que ya tengo dientes Utilizada para alguien que quiere estafar o engañar a otro.

↖↑↗↙↓↘

No puedes impedir que las aves de la tristeza vuelen hacia ti, pero puedes impedir que aniden en tus cabellos.

↖↑↗↙↓↘

A falta de pan, buenas son las tortas. (Si no hay algo, pueden haber cosas que se asemejan, o incluso mejores)

↖↑↗↙↓↘

Saltarin se llamaba el profeta y Damián el mentiroso (Cuando hay que pagar algo y el deudor sólo se justifica)

↖↑↗↙↓↘

A chi va forti, va à la morti. (Laretu-di-Tallà) Quien vive a cien kilómetros por hora va directo a la muerte.

↖↑↗↙↓↘

Rosso allá matina, la pioggia si avicina. Rojo por la mañana [en referencia a las nubes] la lluvia se acerca.

 K↑ㄱK↓ↄ

Hasta que los leones tengan sus propios historiadores, las historias de caza siempre glorificarán al cazador.

K↑ㄱK↓ↄ

Si un problema tiene solución, no hace falta preocuparse. Si no tiene solución, preocuparse no sirve de nada.

K↑ㄱK↓ↄ

Se le sueltan los elasticos de los chiteco (Dicese de mujer que queda en estado de shock al ver a un hombre)

K↑ㄱK↓ↄ

Me dejó como carpa de circo Significa que han
dejado al hombre erecto tal como la punta de
una carpa de circo

↖↑↗↙↓↘

Rosso di será, buon tempo si spera. Rojo por la
tarde [en referencia a las nubes] hacen esperar
buen tiempo.

↖↑↗↙↓↘

Quien se empeña en pegarle una pedrada a la
luna no lo conseguirá, pero terminará sabiendo
manejar la honda.

↖↑↗↙↓↘

Después de que has soltado la palabra, ésta te
domina. Pero mientras no la has soltado, eres
su dominador.

↖↑↗↙↓↘

No hay animal en la tierra ni una criatura voladora con dos alas, sino que son gente como la que hay en ti

↖↑↗↙↓↘

Exígete mucho a ti mismo y espera poco de los demás. Así te ahorrarás disgustos. (Confucio, 551-479 a. C.)

↖↑↗↙↓↘

Entre Tongoy y Los Vilos.(estar indeciso.estar en un punto intermedio indeterminado o a mitad de camino)

↖↑↗↙↓↘

Fa poco chi fa molto ma non quel che deve fare. Hace poco el que hace mucho pero no lo que debe hacer.

↖↑↗↙↓↘

A chi para fritu, para caldu. (Laretu-di-Tallà)
Quien se protege del frío también se protege del
calor.

ꓘ↑ꓪꓨ↓ꓛ

A chi un sa piantà, pianta di nuvembri. (Azilonu,
Frassetu) Quien no sabe plantar, planta en
Noviembre.

ꓘ↑ꓪꓨ↓ꓛ

Para fortalecer el corazón, no hay mejor
ejercicio que agacharse para levantar a los que
están caídos.

ꓘ↑ꓪꓨ↓ꓛ

Si un hombre te dice que pareces un camello,
no le hagas caso; si te lo dicen dos, mírate a un
espejo.

ꓘ↑ꓪꓨ↓ꓛ

A caballo regalado no se le miran los dientes. (referido a no criticar las cosas cedidas o regaladas)

↖↑↗↙↓↘

Entre más vacas, menos leche Cuando hay muchas personas haciendo un solo trabajo y no salen con nada.

↖↑↗↙↓↘

Las buenas fuentes se conocen en las grandes sequías; los buenos amigos, en las épocas desgraciadas.

↖↑↗↙↓↘

Llorarán lágrimas de sangre dicho utilizado por las mamás para chantajear emocionalmente a los hijos

↖↑↗↙↓↘

A chì fussi induvinu, un saria mai mischinu.
(Ghjannucciu) Quien sea divino, no estará jamás
triste.

↖↑↗↙↓↘

Cheeze ke ayaan ast, chee ajat ba bayan ast. Lo
que es obvio, no es necesario que sea
explicado.

↖↑↗↙↓↘

De Joseps, Joans i ases n'hi ha a totes les
cases.Joses, Juanes y asnos los hay en todas las
casas.

↖↑↗↙↓↘

La sabiduría consiste en saber que se sabe lo
que se sabe y saber que no se sabe lo que no se
sabe.

↖↑↗↙↓↘

Después de que el barco se ha hundido, todo el mundo dice que sabía cómo se hubiera podido salvar.

↖↑↗↙↓↘

Alles hat ein Ende, nur die Wurst hat zwei!Todo tiene un final menos la salchicha, ¡que tiene dos!

↖↑↗↙↓↘

A chì l'hà in culu l'ha in casa. (Azilonu, Frassetu) Si lo tienes en el culo, lo tiene en la casa.

↖↑↗↙↓↘

Nunca se pierden los años que se quita una mujer; van a parar siempre a cualquiera de sus amigas.

↖↑↗↙↓↘

No abras los labios si no estás seguro de que lo que vas a decir es más hermoso que el silencio.

К↑ꓭ↙↓ꓭ

Com més edat, més es coneix del món la
falsedat.A más edad, más conocemos del
mundo la falsedad.

К↑ꓭ↙↓ꓭ

tA shamAl na-bAsha, darakht shOr na-mEkhura.
Mientras no haya viento, el árbol no florecerá.

К↑ꓭ↙↓ꓭ

sabr talkh as, wale ba(h)are shIrIn dAra. La
paciencia es agria, pero tiene una fruta dulce.

К↑ꓭ↙↓ꓭ

Ba solha goftan dunya aram namaisha. El
mundo no va a encontrar huelga por solo decir
'paz'.

К↑ꓭ↙↓ꓭ

Me lo contaron y lo olvidé. Lo vi y lo entendí. Lo
hice y lo aprendí. (Confucio, 551-479 a. C.)

↖↑↗↙↓↘

No prometas nada cuando te sientas eufórico;
no respondas una carta cuando te sientas
iracundo.

↖↑↗↙↓↘

No satisfagáis jamás hasta la saciedad vuestros
deseos; así os proporcionaréis placeres nuevos.

↖↑↗↙↓↘

A Dios rezando y con el mazo dando.(Pides algo
a Dios, pero te vas esforzando por conseguirlo)

↖↑↗↙↓↘

Se han visto muertos cargando adobes (cuando
se colocan o hacen cosas raras o fuera de lugar)

↖↑↗↙↓↘

A chì l'attempa a perdi. (Coti-Chjàvari, Frassetu)
Quien aplaza una cosa, termina perdiéndola.

↖↑↗↙↓↘

A chì t'hà dui casi In una ci piovi. (Azilonu, Frassetu) Quien tiene dos casas, en una llueve.

↖↑↗↙↓↘

A chì troppu si cala, u culu vi mostra. (Frassetu) Quien se agacha demasiado, muestra su culo.

↖↑↗↙↓↘

Quiere que le dé cascara de ganado? frase utilizada por el padre para que sus hijos obedezcan

↖↑↗↙↓↘

A chi dormi un piglia pesci. (Azilonu, Frassetu, Lugu-di-Nazza) Quien duerma no pescará nada.

↖↑↗↙↓↘

Quien quiere hacer algo encuentra un medio, quien no quiere hacer nada encuentra una excusa.

↖↑↗↙↓↘

Aire, sol i llimona, poca feina al metge dóna.Aire, sol y limón, poco trabajo al médico dan.

↖↑↗↙↓↘

Quien hace una pregunta es ignorante cinco minutos; quien no la hace será siempre ignorante.

↖↑↗↙↓↘

En el país de los ciegos; el tuerto es Rey. (ML)Sobresalir a costa de los defectos de otros.

↖↑↗↙↓↘

Hoy no está el palo como pa' cucharas Cuando alguien está de mal genio y no está disponible.

↖↑↗↙↓↘

On est jamais mieux servi que par soi-même. Nunca se está mejor servido que por sí mismo.

↖↑↗↙↓↘

Esque ni el burro, ni el que lo arrea Cuando 2 personas no saben de algo o no lo hacen bien

⬉⬆⬈⬋⬇⬊

A la oportunidad la pintan calva, pero cuando se presenta hay que agarrarla de las mechas.

⬉⬆⬈⬋⬇⬊

Pedirle goles al Olmos (En referencia al ex entrenador de la selección de fútbol de Chile)

⬉⬆⬈⬋⬇⬊

Estate atento cuando tu enemigo te sonría: la fiera muestra los dientes antes de atacar.

⬉⬆⬈⬋⬇⬊

No desprecies a un rival por pequeño que sea; el mosquito puede dañar los ojos del león.

⬉⬆⬈⬋⬇⬊

Se lo comen los piojos, (cuando la falta de voluntad impide la superación de la persona)

☖↑↗↙↓↘

A cavaddu dunatu, un fidià denti. (Frassetu) A caballo regalado no le mires los dientes.

☖↑↗↙↓↘

A chi mori, à chi s'allarga. (Azilonu, Frassetu) Los unos mueren y los otros se desmayan

☖↑↗↙↓↘

Dio, se chiude una porta, apre un portone. Dios, si cierra una puerta, abre un portón.

☖↑↗↙↓↘

AftAb ba du angushst put na-mesha. El Sol no podrá ser ocultado por solo dos dedos.

☖↑↗↙↓↘

Si usted puede caminar, usted puede bailar; Si usted puede hablar, usted puede cantar.

☖↑↗↙↓↘

Versión vernácula: Problemillas con las criaturillas, problemazos con los grandotazos.

ᚱᚢᚦᚲᚢᚤ

Si la candelera llora, el invierno es fuera. Si la candelera rie, el invierno es vivo.

ᚱᚢᚦᚲᚢᚤ

A bacia t'hà l'anchi corti. (Azilonu): La mentira tiene las piernas demasiadas cortas.

ᚱᚢᚦᚲᚢᚤ

De tal palo tal astilla. dicese de los hijos salen igual al padre en todas sus formas

ᚱᚢᚦᚲᚢᚤ

Perro viejo, ladra echado significa que quién tiene experiencia no necesita alardear.

ᚱᚢᚦᚲᚢᚤ

Me cago en la sociedad, pero ella me lo retribuye ampliamente. Mayo francés (1968)

↖↑↗↙↓↘

No te preocupes por no ser conocido.
Preocupate por ser digno de que se te conozca.

↖↑↗↙↓↘

Dar palos de ciego (estar desubicado o tener
comportamiento errático o desesperado)

↖↑↗↙↓↘

Las leyes son para los de ruana Significa que
sólo a los marginales les cae la ley.

↖↑↗↙↓↘

Domandare è lecito, rispondere è cortesia.
Pedir es lícito, responder es cortesía.

↖↑↗↙↓↘

bAr-e kaj ba manzel na-mErasa. Una carga
inclinada no va a llegar a su destino.

↖↑↗↙↓↘

La primera vez que me engañes, será culpa
tuya; la segunda vez, la culpa será mía.

↖↑↗↙↓↘

S'atrapa abans a un mentider que a un coix.Se
coje antes al mentiroso que al cojo.

↖↑↗↙↓↘

El que estudia diez años en la oscuridad será
universalmente conocido como quiera.

↖↑↗↙↓↘

El que ha desplazado la montaña es el que
comenzó por quitar las pequeñas piedras.

↖↑↗↙↓↘

No confundas, jinete, el galopar del caballo con
los latidos de tu propio corazón.

↖↑↗↙↓↘

Antes de iniciar la labor de cambiar el mundo,
da tres vueltas por tu propia casa.

↖↑↗↙↓↘

El bien que hicimos en la víspera es el que nos trae la felicidad por la mañana...

↖↑↗↙↓↘

Andate pa' los andes. (desligarse del tema de la persona con cual esta dialogando)

↖↑↗↙↓↘

Proverbio Maya.Puedes llevar un caballo al agua, pero no puedes obligarlo a beber

↖↑↗↙↓↘

Nadie se baña dos veces en el mismo río, pues siempre es otro río y otra persona.

↖↑↗↙↓↘

Si el alumno no supera al maestro, ni es bueno el alumno, ni es bueno el maestro.

↖↑↗↙↓↘

Una manzana al día mantiene lejos al doctor. An apple a day keeps the doctor away

↖↑↗↙↓↘

Si tiene remedio, ¿por qué te quejas? Y si no tiene remedio, ¿por qué te quejas?

↖↑↗↙↓↘

Si quieres agrandar los campos de la felicidad, comienza por nivelar tu corazón.

↖↑↗↙↓↘

El dragón inmóvil en las aguas profundas se convierte en presa de los cangrejos.

↖↑↗↙↓↘

Se te caen los "churrines"(calzones) (cuando una mujer anda detrás de un hombre)

↖↑↗↙↓↘

Las paredes tienen orejas, vuestras orejas tienen paredes. Mayo francés (1968)

↖↑↗↙↓↘

Un terreno rocoso no necesita una plegaria,
necesita un hacha puntiaguda Navajo

↖↑↗↙↓↘

No basta ir a pescar peces con buena intención.
También se necesita llevar red.

↖↑↗↙↓↘

La busqueda de un tesoro no depende de ti, la
busqueda de tu alma depende de mi

↖↑↗↙↓↘

Como Chancho en el barro (alguien que se
encuentra a gusto en cierta situación)

↖↑↗↙↓↘

Se le arrancan las cabras pa´l cerro (dicese de
persona con problemas mentales)

↖↑↗↙↓↘

A chi stanta, à chi scurnochja. (Frassetu)Los unos trabajan, y los otros sueñan

᚛↑᚛↙↓↘

Any de neu, any de Déu.Año de nieve, año de Dios.Año de nieves, año de bienes.

᚛↑᚛↙↓↘

Andar de capa "qu'eida" (caída)(ML) Dicho huaso que significa andar sin ánimo.

᚛↑᚛↙↓↘

Más perdido que el Teniente Bello (aplica a alguien al que no se puede ubicar)

᚛↑᚛↙↓↘

Quien fuera moco para vivir en ese palacio Refiriéndose a una persona narizona

᚛↑᚛↙↓↘

La situación está tan mala que si mi mujer se va con otro, yo me voy con ellos

↖↑↗↙↓↘

Dios le dió novia y el diablo le dará hijos Suele aplicarse a amoríos jóvenes.

↖↑↗↙↓↘

A chi un arrisica Un arrùzzica. (Azilonu, Frassetu) Quien no arriesga, no roe.

↖↑↗↙↓↘

Una vez que abres los ojos no los puedes volver a cerrar Mayo francés (1968)

↖↑↗↙↓↘

panj angusht brAdar as. barAbar nes. Cinco dedos son hermanos, no iguales.

↖↑↗↙↓↘

Teme la ira de Dios, el veneno de la serpiente, y la venganza de los afganos.

↖↑↗↙↓↘

Si quieres ser fuerte como el bisonte, no comas bisonte, sino lo que él come.

↖↑↗↙↓↘

Variante: Quien no entienda una mirada jamás entenderá una larga explicación.

↖↑↗↙↓↘

Muy planificado y ordenado se perdió (fracasó), de cualquier manera se salvó.

↖↑↗↙↓↘

Si la candelera plora, l'hivern es fora.Si la candelera riu, l'hivern es viu.

↖↑↗↙↓↘

La lengua resiste porque es blanda; los dientes se quiebran porque son duros.

↖↑↗↙↓↘

Nada falta en los funerales de los ricos, salvo alguien que sienta su muerte.

255

↖↑↗↙↓↘

A casa piglia, a casa rendi. (Frassetu) La casa siempre devuelve lo que toma.

↖↑↗↙↓↘

archi bEkArEn, amu-ra mEdrawEn. Cualquier cosa que se planta, se cosecha.

↖↑↗↙↓↘

Las bendiciones nunca vienen en pares, y los infortunios nunca vienen solos.

↖↑↗↙↓↘

El perro en la perrera se rasca las pulgas; el perro que caza no las siente.

↖↑↗↙↓↘

Entre Purei y Los Lagos, (Que está a medio camino o no ha quedado muy bueno)

↖↑↗↙↓↘

El mal que hace un gran personaje brota siempre sobre la cabeza de su hijo.

ᚱᚢᚨᚲᛏᛉ

Reden ist Silber, schweigen ist Gold.El habla es plata, el silencio es oro.

ᚱᚢᚨᚲᛏᛉ

La envidia señala las virtudes del envidiado, y los defectos del envidioso.

ᚱᚢᚨᚲᛏᛉ

Las cosas no valen por el tiempo que duran, sino por las huellas que dejan.

ᚱᚢᚨᚲᛏᛉ

Aprender sin pensar es inútil, pensar sin aprender es peligroso. (Confucio)

ᚱᚢᚨᚲᛏᛉ

A chì campa n'ha da veda. (Azilonu, Frassetu) Quien viva, conocerá pruebas.

ᚱᚯᚵᚲᛁᛁ

A chì stughji un perdi tempu. (Azilonu) Quien estudia, no pierde su tiempo.

ᚱᚯᚵᚲᛁᛁ

Lo pasado ha huido, lo que esperas está ausente, pero el presente es tuyo.

ᚱᚯᚵᚲᛁᛁ

Comprar barat és comprar dues vegades.Comprar barato es comprar dos veces.

ᚱᚯᚵᚲᛁᛁ

No deseperes: de las nubes más negras cae un agua que es limpia y fecunda.

ᚱᚯᚵᚲᛁᛁ

¡Qué curioso es el hombre, nacer no pide, vivir no sabe, morir no quiere!.

ᚱᚯᚵᚲᛁᛁ

Ese huevo quiere sal se refiere a que una
persona desea sexualmente a otra

↖↑↗↙↓↘

Si quieres torturar a los sabios haz que sus
acompañantes sean estúpidos.

↖↑↗↙↓↘

El que es fa de nit surt de día o El que es fa a la
nit al de dia es veu.

↖↑↗↙↓↘

No puedes guiar el viento, pero puedes cambiar
la dirección de tus velas.

↖↑↗↙↓↘

Si eres paciente en un momento de ira,
escaparás a cien días de tristeza.

↖↑↗↙↓↘

Si me das pescado, comeré hoy, si me enseñas a
pescar podré comer mañana.

↖↑↗↙↓↘

Le pedí a Dios todo para gozar la vida, él me dio vida para gozarlo todo.

↖↑↗↙↓↘

Donna al volante pericolo costante. Mujer al volante, peligro constante.

↖↑↗↙↓↘

Quien no comprende una mirada tampoco comprenderá una larga explicación.

↖↑↗↙↓↘

Barcelona és bona si la bossa sona.Barcelona es buena si la bolsa suena.

↖↑↗↙↓↘

És pitjor el remei que la malaltia.Es peor el remedio que la enfermedad.

↖↑↗↙↓↘

Dios castiga, pero no a palos. alguien de mal actuar le sucede algo malo

↖↑↗↙↓↘

Si mi tía tuviera barba, sería mi tío utilizada cuando algo es muy obvio

↖↑↗↙↓↘

Antes de pasar por un puente hay que golpearlo, incluso si es de piedra.

↖↑↗↙↓↘

On vas diner? Allà on n'hi ha més.¿A dónde vás, dinero? Adonde hay más.

↖↑↗↙↓↘

La gente se arregla todos los días el cabello, ¿por qué no el corazón?.

↖↑↗↙↓↘

No coloques el puchero en el fuego si el ciervo aún corre en el bosque.

ᚱᚠᚾᚲᛄᛇ

Tengo una sopita en bajo cuando se refiere a que tiene un amorío oculto

ᚱᚠᚾᚲᛄᛇ

A chì t'ha culu, tira peta. (Ghjannucciu) Quien tiene culo, tira pedos.

ᚱᚠᚾᚲᛄᛇ

Zakhm-e bad jOr mEsha. gap-e bad nE. Una herida se cura. Hablar no.

ᚱᚠᚾᚲᛄᛇ

Was ich nicht weiß, macht mich nicht heiß.Lo que no sé, no me molesta.

ᚱᚠᚾᚲᛄᛇ

Más difícil que abrir una tienda para comerciar es mantenerla abierta.

ᚱᚠᚾᚲᛄᛇ

Dime y olvidaré, muéstrame y podría recordar, involúcrame y entenderé.

ↆↄↄↄↄↄ

Una vez terminado el juego, el rey y el peón vuelven a la misma caja.

ↆↄↄↄↄↄ

Majar di Cardinale (Majar de Cardenal, refiriendose a algo exquisito)

ↆↄↄↄↄↄ

Qui vole un oeuf, vole un boeuf. Quien roba un huevo, roba un buey.

ↆↄↄↄↄↄ

La sabiduría me persigue, pero yo soy más rápido Mayo francés (1968)

ↆↄↄↄↄↄ

La montaña es pesada, pero una mariposa levanta a un gato en el aire.

↖↑↗↙↓↘

Busca una luz en lugar de estar maldiciendo eternamente la oscuridad.

↖↑↗↙↓↘

A morir Katanga.Llegar hasta el final de lo que se está haciendo.(ML)

↖↑↗↙↓↘

Andar con yeguas robadas. Decir mentiras o andar con la mujer de otro

↖↑↗↙↓↘

Dar perlas a los cerdos.(ML)Regalar tesoros a quien no los apreciará.

↖↑↗↙↓↘

Ahí tiene pa' que lleve cuando a alguien se le devuelve el daño hecho

↖↑↗↙↓↘

Los verdaderos amigos son los que te dicen que
tienes la cara sucia.

↖↑↗↙↓↘

Le bugie hanno le gambe corte Las mentiras
tienen las piernas cortas

↖↑↗↙↓↘

Cherchez la femme!   Detrás de todo gran
hombre hay una gran mujer

↖↑↗↙↓↘

¿Qué sentido tiene correr cuando estamos en la
carretera equivocada?

↖↑↗↙↓↘

Si alguien te muerde te hace recordar que tú
también tienes dientes.

↖↑↗↙↓↘

Vive cada día de tu vida como si fuera el
último...un día acertarás.

↖↑↗↙↓↘

Cuando el genio apunta a la Luna, el tonto se
queda mirando el dedo.

↖↑↗↙↓↘

Apuéstele esa pata al chance cuando alguien se
descacha en el fútbol

↖↑↗↙↓↘

La insolencia es la nueva arma revolucionaria.
Mayo francés (1968)

↖↑↗↙↓↘

Olviden todo lo aprendido y comiencen a soñar.
Mayo francés (1968)

↖↑↗↙↓↘

bAd as ar tArIkI, rOshanI st. Después de toda
oscuridad hay luz.

↖↑↗↙↓↘

266

ar sang ba pA-e bezelang. Toda piedra golpea el
pie de un pobre.

↖↑↗↙↓↘

Siéntate a la orilla del río y verás pasar al
cadáver de tu enemigo

↖↑↗↙↓↘

Los que de veras buscan a Dios, dentro de los
santuarios se ahogan.

↖↑↗↙↓↘

Digas lo que digas, siempre dirán que dijiste,
que no dijiste nada.

↖↑↗↙↓↘

Salte aquí y reclame un mosco término utilizado
para alguien metido

↖↑↗↙↓↘

La maldad es un león que comienza por saltar
primero sobre su amo.

ᚱᚁᚎᚳᚃᚴ

A boca tancada, no hi entra mosca.En boca cerrada, no entra mosca.

ᚱᚁᚎᚳᚃᚴ

El aprendizaje es un tesoro que seguirá a su dueño a todas partes.

ᚱᚁᚎᚳᚃᚴ

Buscando lo que no se encuentra, se encuentra lo que no se busca..

ᚱᚁᚎᚳᚃᚴ

Las huellas de las personas que caminaron juntas nunca se borran.

ᚱᚁᚎᚳᚃᚴ

La cultura és com el sucre; encara que n'hi hagi poc dóna dolçor.

ᚱᚁᚎᚳᚃᚴ

Las grandes almas tienen voluntades; las débiles tan solo deseos.

↖↑↗↙↓↘

Se me echó la yegua (lo dice quien se siente cansado o desganado)

↖↑↗↙↓↘

En la paz se cuelga a los ladrones, en la guerra se les honra.

↖↑↗↙↓↘

Ámame cuando menos lo merezca, ya que es cuando más lo necesito.

↖↑↗↙↓↘

Si no fuera por los gustos no se venderían los camisones rosados

↖↑↗↙↓↘

Aquéllos que llegan antes al río encuentran el agua más limpia.

269

↖↑↗↙↓↘

Para quien no sabe a dónde quiere ir, todos los caminos sirven.

↖↑↗↙↓↘

Una simple chispa puede iniciar un fuego que arrase la pradera.

↖↑↗↙↓↘

Arrear mulas a medianoche. Hacer actividades poco honradas.(ML)

↖↑↗↙↓↘

A chì mali vivi, mali mori. (Zèvacu) Quien vive mal, muere mal.

↖↑↗↙↓↘

La sabiduría viene de escuchar; de hablar, el arrepentimiento.

↖↑↗↙↓↘

Es imposible despertar a aquel que simula estar
dormido Navajo

᚛↑ᚱ↙↓↘

Las tumbas se abren a cada instante y se cierran
para siempre.

᚛↑ᚱ↙↓↘

Pregunta al hombre con experiencia, no al
hombre con estudios.

᚛↑ᚱ↙↓↘

El corazón jamás habla, pero hay que
escucharlo para entender.

᚛↑ᚱ↙↓↘

Andar arrastrando el poncho. (ML)Adar de mal
ánimo, depresivo.

᚛↑ᚱ↙↓↘

Más cosido que botón de oro (aplíca a quien
está muy borracho)

↖↑↗↙↓↘

La puerta mejor cerrada es aquella que puede dejarse abierta.

↖↑↗↙↓↘

Si el cuerpo es derecho no importa que la sombra sea torcida.

↖↑↗↙↓↘

Una gota de tinta, puede más que cien memorias privilegiadas.

↖↑↗↙↓↘

Al comer retoños de bambú, recuerda al hombre que los plantó.

↖↑↗↙↓↘

La culpa no la tiene el chancho, sino quién le da el afrecho.

↖↑↗↙↓↘

Una persona de edad prefiere como pareja a alguien mas joven.

↖↑↗↙↓↘

Las palabras no tienen alas pero pueden volar mil kilómetros.

↖↑↗↙↓↘

La muerte de un anciano es como una biblioteca que se quema.

↖↑↗↙↓↘

Siéntate a tu puerta y verás pasar el cadáver de tu enemigo.

↖↑↗↙↓↘

Una piedra lanzada por la mano de un amigo es como una flor.

↖↑↗↙↓↘

El demonio hace las ollas, pero no sabe hacer las tapadoras.

↖↑↗↙↓↘

El sabio no dice lo que sabe y el necio no sabe lo que dice.

↖↑↗↙↓↘

Más vale una cucharada de suerte que un barril de sabiduría.

↖↑↗↙↓↘

Nada sienta mejor al cuerpo que el crecimiento del espíritu.

↖↑↗↙↓↘

Sólo nadando contra corriente es posible alcanzar la fuente.

↖↑↗↙↓↘

Andai con la del bandido (cuando anda con malas intenciones)

↖↑↗↙↓↘

Esa viejita va a pelar el bollo Cuando alguien se va a morir

↖↑↗↙↓↘

El amor hace pasar el tiempo; el tiempo hace pasar el amor.

↖↑↗↙↓↘

Debajo de los adoquines está la playa. Mayo francés (1968)

↖↑↗↙↓↘

Ganar un proceso es adquirir una gallina y perder una vaca.

↖↑↗↙↓↘

Hay que subir la montaña como viejo para llegar como joven.

↖↑↗↙↓↘

El árbol más fuerte y frondoso vive de lo que tiene debajo.

↖↑↗↙↓↘

Ya viene Marín Moreno, el que quita lo malo y pone lo bueno

↖↑↗↙↓↘

El que ve el cielo en el agua ve los peces en los árboles.

↖↑↗↙↓↘

La primera vez es una gracia, la segunda vez es una regla.

↖↑↗↙↓↘

El agua hace flotar el barco, pero también puede hundirlo.

↖↑↗↙↓↘

Dile al tonto que tiene fuerza y el tonto más fuerza hace.

↖↑↗↙↓↘

No existe la muerte, solo es un cambio de mundos Duwamish

↖↑↗↙↓↘

La cultura es como el azúcar; aunque haya poca da dulzor.

↖↑↗↙↓↘

Jamás busques la respuesta en los lugares que no existen.

↖↑↗↙↓↘

Un viaje de diez mil kilómetros empieza por un solo paso.

↖↑↗↙↓↘

Cuando tres marchan juntos tiene que haber uno que mande.

↖↑↗↙↓↘

Hasta un hoja de papel pesa menos cuando dos la levantan.

↖↑↗↙↓↘

Sean realistas, pidan lo imposible. Mayo francés (1968)

↖↑↗↙↓↘

La piel del leopardo es bonita, pero su corazón malvado.

↖↑↗↙↓↘

Castiga a los que te tienen envidia haciéndoles el bien.

↖↑↗↙↓↘

¿Quién es el buen superior? Quien ha sido buen inferior.

↖↑↗↙↓↘

Chicotea los caracoles. Que se apresuren en lo que hacen

↖↑↗↙↓↘

Mucho ruido y pocas nueces (algo que se había exagerado)

↖↑↗↙↓↘

Abre los ojos, apaga la televisión Mayo francés (1968)

↖↑↗↙↓↘

El puente sólo se repara cuando alguien se cae al agua.

↖↑↗↙↓↘

Cuando los elefantes luchan, la hierba es la que sufre.

↖↑↗↙↓↘

El cuchillo demasiado afilado desgarra su propia vaina.

↖↑↗↙↓↘

No intentes poner recta la sombra de un bastón torcido.

↖↑↗↙↓↘

Un libro es como un jardín que se lleva en el bolsillo.

↖↑↗↙↓↘

Todo hombre que quiera mentir, gran memória debe tener.

↖↑↗↙↓↘

La medicina sólo puede curar las enfermedades curables.

↖↑↗↙↓↘

No hay manjar que no empalague, ni vicio que no enfade.

↖↑↗↙↓↘

Antes de ser un dragón, hay que sufrir como una hormiga

↖↑↗↙↓↘

Dale con que las gallinas mean (se refiere al porfiado)

↖↑↗↙↓↘

El día del nispero. (Cuando algo no sucederá o pasará).

↖↑↗↙↓↘

Pedir peras al olmo. Solicitar o esperar algo imposible

↖↑↗↙↓↘

Más perdido que poroto en paila marina (fuera de lugar)

↖↑↗↙↓↘

Un hombre hambriento, comería hasta con lobos Oklahoma

↖↑↗↙↓↘

Del árbol del silencio pende el fruto de la seguridad.

ㅅ↑↗↙↓↘

El secreto de tu vecino, te lo dirá un porrón de vino.

ㅅ↑↗↙↓↘

El dimoni fa les olles, però no sap fer les tapadores.

ㅅ↑↗↙↓↘

El hombre que no sabe sonreír no debe abrir la tienda.

ㅅ↑↗↙↓↘

Al pan pan y al vino vino. Decir las cosas claras.(ML)

ㅅ↑↗↙↓↘

Andai a patás con los piojos (cuando queda poca plata)

ㅅ↑↗↙↓↘

Andar metido en la chuchoca. (GS)(Andar en problemas).

↖↑↗↙↓↘

Proverbio Hopi.No mires a las nubes mientras trabajas

↖↑↗↙↓↘

Qui gemega ja ha rebut.Quien se queja ya ha recibido.

↖↑↗↙↓↘

Polit polit es va perdre, barrip-barrap es va salvar.

↖↑↗↙↓↘

Es más fácil saber como se hace una cosa que hacerla.

↖↑↗↙↓↘

Es mejor encender una vela que maldecir la oscuridad.

↖↑↗↙↓↘

Las cosas funcionan bien solo cuando se les controla.

↖↑↗↙↓↘

Boquita trágate un buque. (ML) Persona muy habladora.

↖↑↗↙↓↘

Más enrredado que moño de vieja (algo muy complicado)

↖↑↗↙↓↘

La suerte del gavilán, no es la misma del garrapatero

↖↑↗↙↓↘

Yo le puedo dar de comer, pero hambre no le puedo dar

↖↑↗↙↓↘

La mala erba non muore mai. Mala hierba
nunca muere.

↖↑↗↙↓↘

Es mejor encender una luz que maldecir la
oscuridad.

↖↑↗↙↓↘

Cuando uno está en la mala, pisa mierda y se
resbala

↖↑↗↙↓↘

¿Cuándo será el fin del mundo? El día que yo
muera.

↖↑↗↙↓↘

Hacen más ruido dos que gritan que cien que
callan.

↖↑↗↙↓↘

El que tiene salud y libertad es rico y no lo sabe.

↖↑↗↙↓↘

Es bueno saber callar, hasta que es hora de hablar.

↖↑↗↙↓↘

Ama a tus vecinos, pero no te deshagas de la cerca.

↖↑↗↙↓↘

Cuando llegues a la última página, cierra el libro.

↖↑↗↙↓↘

Cuando sale el Gato... los ratones están de fiesta.

↖↑↗↙↓↘

Dale con que los piojos tienen lengua(wn porfiaaoo)

↖↑↗↙↓↘

Más apreta'o que pantaloncillo de
loca(homosexual).

↖↑↗↙↓↘

jOyenda yAbenda st. El buscador es
descubridor.

↖↑↗↙↓↘

El valiente muere una vez, el cobarde, muchas
lowa

↖↑↗↙↓↘

Al perro que tiene dinero se le llama señor
perro.

↖↑↗↙↓↘

Fan més fressa dos que cridin que cent que
callin.

↖↑↗↙↓↘

Tot home que vol mentir, gran memòria ha de
tenir.

↖↑↗↙↓↘

Es mejor volverse atrás que perderse en el camino.

↖↑↗↙↓↘

Incluso las torres más altas empiezan en el suelo.

↖↑↗↙↓↘

Nunca mates una mosca sobre la cabeza de un tigre.

↖↑↗↙↓↘

Si no sabes sonreir, no pongas tienda. (Confucio).

↖↑↗↙↓↘

Un copo de nieve nunca cae en el lugar equivocado.

↖↑↗↙↓↘

Más ordinario que monja vendiendo chance
(loteria)

↖↑↗↙↓↘

Tiene más carne un zancudo (mosquito) en las
patas

↖↑↗↙↓↘

Si quieres miel no des puntapiés sobre la
colmena.

↖↑↗↙↓↘

No se puede levantar un guijarro con un solo
dedo

↖↑↗↙↓↘

Sólo se tiran piedras al árbol cargado de frutos.

↖↑↗↙↓↘

Del que no te mira al hablar,no te fies en obrar.

↖↑↗↙↓↘

És bo saber callar, fins que és l'hora de parlar.

↖↑↗↙↓↘

La inocencia de un ratón puede mover un elefante.

↖↑↗↙↓↘

Un hombre tiene la edad de la mujer a la que ama.

↖↑↗↙↓↘

Más ordinario que morcilla con centro de arequipe

↖↑↗↙↓↘

No me abra esos ojos que no le voy a echar gotas.

↖↑↗↙↓↘

¿Y si quemamos la Sorbona?. Mayo francés (1968)

↖↑↗↙↓↘

No hay donde ocultarse en la superficie de agua.

↖↑↗↙↓↘

Al caigut dona-li la mà i ell després t'ajudarà.

↖↑↗↙↓↘

De qui no et miri en parlar,no et fiis en obrar.

↖↑↗↙↓↘

Estás condenado, estás perdido, "la has cagado".

↖↑↗↙↓↘

Más vale un cobarde vivo que un valiente muerto.

↖↑↗↙↓↘

Quién tiene un amigo tuerto no lo mira de reojo.

↖↑↗↙↓↘

A los largos sentimientos, largas consecuencias.

↖↑↗↙↓↘

Camarón que se duerme, se lo lleva la corriente.

↖↑↗↙↓↘

Cazando moscas (dícese de quien anda despistado)

↖↑↗↙↓↘

Acabó de matar a la gallina de los huevos de oro

↖↑↗↙↓↘

Como buen colombiano, todo lo dejo pa' lo último

↖↑↗↙↓↘

Consuma más, vivirá menos. Mayo francés (1968)

↖↑↗↙↓↘

No puedes esconder el humo si encendiste fuego.

↖↑↗↙↓↘

Libros, caminos y días dan al hombre sabiduría.

↖↑↗↙↓↘

Los oídos no sirven de nada a un cerebro sordo.

↖↑↗↙↓↘

El secret del teu veí te'l dirà un porró de vi.

↖↑↗↙↓↘

Qui és bon superior? Qui ha estat bon inferior.

↖↑↗↙↓↘

Disfruta la vida, es más tarde de lo que crees.

↖↑↗↙↓↘

El jade necesita ser tallado para ser una gema.

↖↑↗↙↓↘

Aunque la mona se vista de seda, mona se queda.

↖↑↗↙↓↘

Es fácil ser valiente desde la distancia Omaha

↖↑↗↙↓↘

Al caido dale la mano y el después te ayudará.

↖↑↗↙↓↘

El que hace el bien de los demás hace el suyo.

↖↑↗↙↓↘

Es más fácil doblar el cuerpo que la voluntad.

↖↑↗↙↓↘

Más aburrido que una vaca en cancha sintética.

↖↑↗↙↓↘

Meter gato por liebre. Significa hacer fraude.

↖↑↗↙↓↘

Más ordinario que un cementerio con columpios.

↖↑↗↙↓↘

Despues de la tormenta, siempre viene la calma

↖↑↗↙↓↘

El que se va para Barranquilla pierde su silla

↖↑↗↙↓↘

La imaginación al poder. Mayo francés (1968)

↖↑↗↙↓↘

El hombre no puede saltar fuera de su sombra.

↖↑↗↙↓↘

Un consejo se da, y se recibe por convicción.

↖↑↗↙↓↘

La salud no es conocida hasta que es perdida.

↖↑↗↙↓↘

Hacer y deshacer, es trabajar para el diablo.

↖↑↗↙↓↘

Camarón que se duerme, se lo comen los peces.

↖↑↗↙↓↘

Saltarin bombín (se utiliza para cobrar algo)

↖↑↗↙↓↘

Eso solo le pasa a la pantera rosa y a usted.

↖↑↗↙↓↘

Décimo segundo: Aprovechar cualquier
papayaso

↖↑↗↙↓↘

Más vale ser cabeza de ratón que cola de león

↖↑↗↙↓↘

Qui té salut i llibertat és ric i no ho sap.

↖↑↗↙↓↘

La salut no és coneguda fins que és perduda.

↖↑↗↙↓↘

Cuando el grillo canta, no hace falta manta.

↖↑↗↙↓↘

Quién no quiera polvo, que no vaya al campo.

↖↑↗↙↓↘

Cuando el río suena, es porque piedras trae.

↖↑↗↙↓↘

El que sabe,sabe y el que no sabe... es jefe

↖↑↗↙↓↘

Más feo que chuparle los dedos a un mecánico

↖↑↗↙↓↘

Usted no le va enseñar a su papá hacer hijos

↖↑↗↙↓↘

Se mueve más un Alka-setzer en una
mazamorra

↖↑↗↙↓↘

Dios es grande, pero ata fuerte tu camello.

↖↑↗↙↓↘

Qui la fa, la paga.El que la hace, la paga.

↖↑↗↙↓↘

A la mesa i a la cama a la primera llamada.

↖↑↗↙↓↘

Más ordinario que un ataúd con calcomanias.

↖↑↗↙↓↘

El que escupe para arriba le cae en la cara

↖↑↗↙↓↘

El que sea de Pasto que se lo coma una vaca

↖↑↗↙↓↘

D'amore non si muore. De amor no se muere.

↖↑↗↙↓↘

Sólo los pies del viajero saben el camino.

↖↑↗↙↓↘

La pobreza hace ladrones y el amor poetas.

↖↑↗↙↓↘

Afortunado el que vive tiempos tranquilos.

↖↑↗↙↓↘

Despues de la guerra, todos son generales.

↖↑↗↙↓↘

Más tira un choro que una yunta de bueyes.

↖↑↗↙↓↘

Camarón que se duerme aparece en un coctél

↖↑↗↙↓↘

Décimo primer mandamiento: No dar papaya..

ↀↀↀↀↀↀ

Cuando el río suena, se ahogó una orquesta

ↀↀↀↀↀↀ

Cuidado, porque las cabras van a dar leche

ↀↀↀↀↀↀ

El dueño del perro no obedece a su perro.

ↀↀↀↀↀↀ

Si tu madre africana te regaña, tu madre.

ↀↀↀↀↀↀ

La crueldad es la fuerza de los cobardes.

ↀↀↀↀↀↀ

El pan no tiene piernas, pero hace andar.

ↀↀↀↀↀↀ

El buen camino, nunca es largo de seguir.

↖↑↗↙↓↘

Més val un cobard viu que un valent mort.

↖↑↗↙↓↘

Anda con malas pulgas.(estar malhumorado)

↖↑↗↙↓↘

Calabaza,calabaza (cada uno para su casa)

↖↑↗↙↓↘

Más ordinaro que una yuca en una ancheta.

↖↑↗↙↓↘

Tiene más presencia un juanete en la mano

↖↑↗↙↓↘

Tiene más presencia el perro del mecánico

↖↑↗↙↓↘

Más elegancia tiene un moco en la corbata

↖↑↗↙↓↘

El que se duerme se lo lleva la corriente

↖↑↗↙↓↘

Más desubicado que un perro en un trasteo

↖↑↗↙↓↘

Eyacula tus deseos. Mayo francés (1968)

↖↑↗↙↓↘

El fuego del invierno es medio alimento.

↖↑↗↙↓↘

Qui no vulgui pols, que no vagi a l'era.

↖↑↗↙↓↘

Cuando el dinero habla, la verdad calla.

↖↑↗↙↓↘

Cambian los payasos pero el circo sigue.

↖↑↗↙↓↘

Más perdido que Adan el día de la madre.

↖↑↗↙↓↘

Más amarrado que el turbante de calimán.

↖↑↗↙↓↘

Subiendo el alto del Cocuy, me canse muy

↖↑↗↙↓↘

Al que madruga, le da sueño más temprano

↖↑↗↙↓↘

Prohibido prohibir Mayo francés (1968)

↖↑↗↙↓↘

El bon camí, mai no és llarg de seguir.

↖↑↗↙↓↘

Hombre interesado no puede ser honrado.

↖↑↗↙↓↘

La faena matinal vale para todo el día.

↖↑↗↙↓↘

Quan el grill canta, no fa falta manta.

↖↑↗↙↓↘

Morir sin perecer, es presencia eterna.

↖↑↗↙↓↘

Si no quieres que se sepa, no lo hagas.

↖↑↗↙↓↘

Si te caes siete veces, levántate ocho.

↖↑↗↙↓↘

Disfruta solo los placeres del momento.

↖↑↗↙↓↘

Vence al enemigo sin manchar la espada.

↖↑↗↙↓↘

A río revuelto, ganancia de pescadores.

↖↑↗↙↓↘

Sacar las castañas con la mano del gato

↖↑↗↙↓↘

Más ordinario que taxi con registradora

↖↑↗↙↓↘

Más ordinario que expendedor de tamales

↖↑↗↙↓↘

Más amarrado que un paquete pa' tumaco.

↖↑↗↙↓↘

Tiene más presencia un tapón de alberca

↖↑↗↙↓↘

Dio vede e provvede. Dios ve y provee.

↖↑↗↙↓↘

Cuando otro sufre es madera que sufre.

↖↑↗↙↓↘

Un amigo hace más daño que un enemigo.

↖↑↗↙↓↘

El tiempo es como la mula : no recula.

↖↑↗↙↓↘

Fer i desfer, és treballar pel diable.

↖↑↗↙↓↘

Qui té un amic borni no mira de reull.

↖↑↗↙↓↘

Quien cede el paso ensancha el camino.

↖↑↗↙↓↘

El agua demasiado pura no tiene peces.

↖↑↗↙↓↘

Círculo en el sol, aguacero o temblor.

↖↑↗↙↓↘

Esta mal pelado . / cuando no es justo

↖↑↗↙↓↘

De pena se murió un burro en Cartagena

↖↑↗↙↓↘

El que madruga, encuentra todo cerrado

↖↑↗↙↓↘

El amor y la tos no pueden ocultarse.

↖↑↗↙↓↘

La manzana nunca cae lejos del árbol.

↖↑↗↙↓↘

El que nace chicharra muere cantando.

↖↑↗↙↓↘

Si mi tío tuviera tetas, seria mi tía

↖↑↗↙↓↘

Más perdido que un moco en una oreja.

↖↑↗↙↓↘

Más ordinario que iglesia con orinal.

↖↑↗↙↓↘

Más peligroso que tiroteo en ascensor

↖↑↗↙↓↘

Mas pesado que un biberón de mondongo

↖↑↗↙↓↘

Trabaja menos que el sastre de Tarzán

↖↑↗↙↓↘

El temps és com la mula : no recula!

↖↑↗↙↓↘

Lo que se hace de noche sale de día.

↖↑↗↙↓↘

Home interessat no pot ésser honrat.

↖↑↗↙↓↘

Las sobras de ayer, hacen falta hoy.

↖↑↗↙↓↘

A la taula i al llit al primer crit.

↖↑↗↙↓↘

El que quiera celeste que le cueste.

↖↑↗↙↓↘

Más ordinario que un bebe con chucha

↖↑↗↙↓↘

Más ordinario que una vaca con pedal

↖↑↗↙↓↘

Más ordinario que mariachi en tennis

↖↑↗↙↓↘

Más ordinario que cerdo de paso fino

↖↑↗↙↓↘

Más ordinario que paleta de mondongo

↖↑↗↙↓↘

Soldado advertido no muere en guerra

↖↑↗↙↓↘

Yo estudio derecho, dijo el borracho

↖↑↗↙↓↘

El pa no té cames, però fa caminar.

↖↑↗↙↓↘

Vale más comer poco y digerir bien.

↖↑↗↙↓↘

El que teme sufrir, sufre de temor.

↖↑↗↙↓↘

Los bellos caminos no llevan lejos.

↖↑↗↙↓↘

Círculo en la luna novedad ninguna.

↖↑↗↙↓↘

Más fome que bailar con la hermana.

↖↑↗↙↓↘

Más falso que una prostituta virgen

↖↑↗↙↓↘

El corazón no habla, pero adivina.

↖↑↗↙↓↘

Les sobres d'ahir, fan falta avui.

↖↑↗↙↓↘

El foc de l'hivern és mig aliment.

↖↑↗↙↓↘

Al ojo del amo engorda el caballo.

↖↑↗↙↓↘

Casa de herrero, cuchillo de palo.

↖↑↗↙↓↘

Más negro que intención de suegra.

↖↑↗↙↓↘

Más nervioso que perro en columpio

↖↑↗↙↓↘

Más nerviosa que monja con atraso.

↖↑↗↙↓↘

Más ordinario que chucha con caspa

↖↑↗↙↓↘

Más perdido que papá Noel en mayo.

↖↑↗↙↓↘

Mata un grillo pa' sacarle el pito

↖↑↗↙↓↘

Más aburrido que mico en un bonsai

↖↑↗↙↓↘

Más feo que un culo con dos huecos

↖↑↗↙↓↘

Más flaco que el perro de copetran

↖↑↗↙↓↘

Amanecerá y veremos, dijo el ciego

↖↑↗↙↓↘

Mas feliz que marica con dos culos

↖↑↗↙↓↘

Mas insípido que paleta de bretaña

↖↑↗↙↓↘

Más raro que un japonés con rastas

↖↑↗↙↓↘

En caixa oberta, el just hi peca.

↖↑↗↙↓↘

Quien pisa con suavidad va lejos.

↖↑↗↙↓↘

El amor no se mendiga, se merece.

↖↑↗↙↓↘

Donde fuego hubo, cenizas quedan.

↖↑↗↙↓↘

En boca cerrada no entran moscas.

↖↑↗↙↓↘

Chancho en misa (fuera de lugar).

↖↑↗↙↓↘

Más raro que gallina con dientes.

↖↑↗↙↓↘

Sube como palma y baja como coco.

↖↑↗↙↓↘

El país se derrumba y yo de rumba

↖↑↗↙↓↘

Eso solo le pasa al que le sucede

↖↑↗↙↓↘

Estás trompuda(o) o quieres beso?

↖↑↗↙↓↘

Estaba en un trancón...de cobijas

↖↑↗↙↓↘

Los burros se buscan pa' rascarse

↖↑↗↙↓↘

Más contento que cachaco en playa

↖↑↗↙↓↘

Más contento que rana en tomatera

↖↑↗↙↓↘

Una sola mano no puede aplaudir.

↖↑↗↙↓↘

Los vicios no necesitan maestro.

↖↑↗↙↓↘

La feina matinal tot el día val.

↖↑↗↙↓↘

Del dicho al hecho largo trecho.

↖↑↗↙↓↘

Al agüaite (estar atento a algo)

↖↑↗↙↓↘

Caballo amarrado es igual a come

↖↑↗↙↓↘

Más ordinario que yogurt de yuca

↖↑↗↙↓↘

A donde fueres has lo que vieres

↖↑↗↙↓↘

No dejes de comer por ir a comer

↖↑↗↙↓↘

Más simple que un caldo de babas

↖↑↗↙↓↘

Más golpeado que pocillo de loco

↖↑↗↙↓↘

El cor no parla, però endevina.

↖↑↗↙↓↘

En caja abierta, el justo peca.

↖↑↗↙↓↘

Els vicis no necessiten mestre.

↖↑↗↙↓↘

La cabra siempre tira al monte.

↖↑↗↙↓↘

A quien madruga, Dios le ayuda.

↖↑↗↙↓↘

Más marica que un timbre rosado

↖↑↗↙↓↘

El fútbol es el opio del pueblo

↖↑↗↙↓↘

Cali es Cali. Lo demás es monte

↖↑↗↙↓↘

Más raro que una vaca a cuadros

↖↑↗↙↓↘

Tiene más culo un gato empinado

↖↑↗↙↓↘

La vida es así, y el día es hoy

↖↑↗↙↓↘

Cada maestrito con su librito.

↖↑↗↙↓↘

Más feo que pegarle a la mamá.

↖↑↗↙↓↘

A buen hambre, no hay pan duro

↖↑↗↙↓↘

Tilin, tilin y nada de paletas

↖↑↗↙↓↘

Entre gustos, no hay disgustos

↖↑↗↙↓↘

Febrero loco y Marzo otro poco

↖↑↗↙↓↘

Val més menjar poc i pair bé.

↖↑↗↙↓↘

Chancho limpio nunca engorda.

↖↑↗↙↓↘

Más tragao que tanga de loca.

↖↑↗↙↓↘

Más perdido que perro en misa

↖↑↗↙↓↘

Soldado avisado muere avisado

↖↑↗↙↓↘

Más vale tarde, que más tarde

↖↑↗↙↓↘

Lo que es de Dios, es de Dios

↖↑↗↙↓↘

El que tiene boca se equivoca

↖↑↗↙↓↘

Más salado que botón de Body

↖↑↗↙↓↘

A buey viejo, pasto tierno.

↖↑↗↙↓↘

Más serio que perro en bote

↖↑↗↙↓↘

Más raro que chino colorín.

↖↑↗↙↓↘

Salta pal' lao (No te creo)

↖↑↗↙↓↘

Se come hasta un moco ajeno

↖↑↗↙↓↘

El que pega por detrás paga

↖↑↗↙↓↘

La necesidad no tiene ley.

↖↑↗↙↓↘

Seguridad mató a confianza

↖↑↗↙↓↘

La necessitat no té llei.

↖↑↗↙↓↘

A rey muerto, rey puesto.

↖↑↗↙↓↘

De tal palo, tal astilla.

↖↑↗↙↓↘

Cada oveja con su pareja.

↖↑↗↙↓↘

Sacar ciegos a mear (GC).

↖↑↗↙↓↘

Búsqueme que me encuentra

↖↑↗↙↓↘

Regáleme plata pa' un pan

↖↑↗↙↓↘

Yo cagado y el agua lejos

↖↑↗↙↓↘

Usted no sabe ni la hora

↖↑↗↙↓↘

Ya me cansé de descanzar

↖↑↗↙↓↘

Más feo que la mentira.

↖↑↗↙↓↘

Fijate bien donde pisas

↖↑↗↙↓↘

Usted no cumple ni años

↖↑↗↙↓↘

India comido, indio ido

↖↑↗↙↓↘

Apúrate lentamente.

↖↑↗↙↓↘

Un lío de la Madona

↖↑↗↙↓↘

Gaseosa mata tinto

↖↑↗↙↓↘

Dele que le dan

↖↑↗↙↓↘

El golpe avisa

↖↑↗↙↓↘

110

Mentiras populares

He leído y acepto los Términos y Condiciones de uso

El lunes empiezo la dieta

Ven hijo, que no te voy a pegar.

Voy llegando (ni siquiera ha salido)

Hay retraso en el metro

Se me espichó un caucho cuando iba

No sabía nada

Justo ahora iba a llamarte

No voy a expropiar nada (Chávez)

Es la primera vez que me pasa...

Quienes van? -Todos

Tenes chicle? -No - Pero si estas comiendo! -
Me lo dio un amigo...

Este año si voy a estudiarrrr Lo juro

No vamos a devaluar la moneda (al día
siguiente la devalúan)

Yo te debo??..ni me acordaba.

A esa ? ni borracho

Es culpa del arbitro

No nos llame nosotros le llamaremos

Pon tu, que mañana te pago

Por mi madre que te lo mande

no, no; ... yo te llamo

Ayer estaba enfermo

Este año si me pongo a estudiar

No pude ir porque me robaron

Se me perdio tu telefono

Chequeo mi correo y me quito

no me gusta esa canción, significado verdadero:
mi ex me la dedico y aun duele

Tu hermana es como mi hermana.

Si, el carro es mio

Mira...justo pensaba en ti

Solo somos amigos

Se cayo solo y se rompio

No bebí...este mes estoy limpio!!!

No te va doler

Pero si yo estudie esta vez!!!

Me gustaste desde la primera vez que te vi!

si! si! yo voy...

tuve un problema familiar profesor.

Despues te llamo...ya?

Ven mas tarde por que ahorita voy a salir

Si le pase el mensaje

Voy a la iglesia todos los domingos

Sí, el sábado salimos

no estoy preparada, necesito un tiempo

Te queda perfecto!

Claro q' el cheque tiene fondos!

Te juro q' no se lo voy a contar a nadie.

No soy como los demás

Si sali con ella, pero no paso nada.

Prestamelo y mañana te lo devuelvo.

Me iba a comprar uno del año, pero este del '81 me gusto mas.

Hasta que la muerte nos separe

Se los comio el perro.

Tienes los ojos mas lindos q he visto en mi vida.

Yo?, ir a esos sitios?... nunca!

Si choque... pero la culpa la tuvo el otro.

Borracho, borracho nunca he estado... solo con el puntillo...

... y que se siente fumar eso ah?

Me estoy divorciando

Tú eres lo que siempre busqué

No, no tengo telefono... pero dame el tuyo q' yo te llamo.

Te estuve llamando, pero daba desconectado.

Que pena q' no fuiste, toda la reunion nos la pasamos hablando de ti.

Me voy al cine sola

Mi esposa no me comprende, es muy celosa

En cinco minutos estoy con Uds.

Estoy preparando mi informe

Te juro que nunca lo pense.

Por Favor…. yo soy una persona decente

Lo que tu digas.

Por mi madre que nunca mas bebere.

Jamas te olvidare

LLamame en cinco minutos que estoy en una reunion

Vengo tarde porque estuve en la biblioteca...

Mis ojos estan irritados porque estoy resfriado

Llamame en 5 min que estoy en el banco

De aqui a la eternidad

No nos ganan!!!

!YO !?.... con esa??... NUNCA!!!.

No eres tu soy yo

Oh... no me di cuenta

Yo tengo un tio en la policia

La cuarta la pongo yo!!!

Mañana te traigo tus cds...

El profe me tiene manía

Me voy que tengo clases…!

Te debo tu regalo

Dame tiempo…

Se me perdio tu correo, haber damelo

Necesito encontrarme conmigo mismo

Tenemos pocas cosas en común

Yo Friki ? …POR FAVOOOOOR !!!!

Pero si no le estaba mirando el culo! solo que me gustaron los pantalones y te los iba a regalar.

Cuando me case nunca mas voy a mirar a otra.

Mañana te pago...

Nada más una cervecita

Mi matrimonio estaba destruido antes de que tú llegaras

Hace mucho que no la amo

Estoy con ella por mis hijos

Ella me ha sido infiel

No te va a DOLER

Nunca he descargado nada "ilegalmente" de Internet

Todo el software de mi PC es original

Mi psicólogo me dijo...

Yo compro mi ropa en Centros Comerciales, a los buhoneros nunca!

Mi foto del perfil de facebook es reciente

Ya vengo, No voy a tardar nada

Sígueme en Twitter y te sigo

Todo al 50% de descuento

No me acuerdo de lo que dije... Estaba
borracho.

☺☺☹☺☹

85

Chistes

☺☹☹☺☹☹

—¡¡Abuelo!!, mis amigos dicen que soy gorda.
—¡Ay! Marrana como crees. —¡MARIANA
ABUELO, ME LLAMO MARIANA! :(

Hijitas de 12 años que dicen "Ahora me doy
cuenta que estoy mejor sola." ¿Quién te dejó?
¿Tu madre en la cola del supermercado?
JAJAJÁ.

—Abuelo, ¿cual a sido tu mayor decepción? —
Un día intenté robar unas maracas pero el
Párkinson me delató. —JAJAJÁ

—¿Quiénes hijito? —Abuelo, en la escuela dicen
que ves el futuro.

—¿Qué haremos esta noche, Cerebro? —Lo
mismo que hacemos todas la noches, —
Corazón: tratar de olvidarla.

Este libro de "Cómo conseguir mucho dinero en
10 pasos" es un fraude. He caminado todo el día
y sigo siendo pobre.

—Oye amor, ¿cómo se llama el animalito que se
arrastra y está pegajoso? —Babosa. —¡Babosa
tu madre, estúpido!

—Oye hijo, te traje ropa de la "USA" —¿De la
USA? —Sí, de la USADA ¡JAJAJAJAJAJÁ!
¡SOMOS POBRES RECUERDA!

—¿En qué se parece una pistola a un panadero?
—En que los dos hacen pan.

☺☺☹☺☺☹

¿Y tu papá donde está? - Está en el cielo -
Discúlpame, no lo sabía - no, esta bien, él es
piloto.

☺☺☹☺☺☹

¿No te entra bien? ¿Te maltrata la punta? ¿Te
duele por detrás? ¿Gritas al sacarlo? Entonces
ese zapato no es tuyo.

☺☺☹☺☺☹

—¿Nombre? —David. —¿Tavid? —No, David,
con "D" de Dinamarca. —Bienvenido David,
Conde de Dinamarca.

☺☺☹☺☺☹

— Ya llegué Mamá! —Es muy tarde, ¿Dónde
andabas? —En la casa de Noe —¿Cuál Noe? —
Noe de tu incumbencia

☺☺☹☺☺☹

—Joven lo detengo porque se pasó el semáforo en rojo. —JAJAJA qué susto, pensé que era por los 3 kilos de marihuana que traigo.

—¿Tiene pastillas para la memoria? — Si,¿Cuántas quiere? —¿Qué cosa?

— ¿Consumes drogas? — No. — ¿Las has probado alguna vez? — Jamás. — Te noto nervioso. — Es que es primera vez que me entrevista un dragón.

—cuándo nos vemos? —Cuando quieras! - Mañana? —No puedo. —El lunes? -Tampoco puedo. —El viernes? No puedo.—Cuando entonces? —Cuando quieras!

—Y vienes a mi casa a pedirme dinero cuando ni siquiera tienes la decencia de llamarme... "Padrino". —Señor, ¿va a pagar la pizza o no?

☺☹☹☺☹☹

—Mi hijo se metió a clases de natación. —¿En serio? ¿Qué tal lo hace? —Nada mal.

☺☹☹☺☹☹

—Siento cosas por ti —Aww ¿Como qué? —como ganas de vomitar, por ejemplo.

☺☹☹☺☹☹

—¿A qué te dedicas? —Básicamente a respirar. No gano mucho, pero me da para vivir.

☺☹☹☺☹☹

—Íbamos yo y Pedro. —No, al revés. —?ordeP y oy somabÍ¿ —No, así no. —?oɹpǝd ʎ oʎ soɯɐqÍ¿ —¡NOOO! Vete a la verga.

☺☹☹☺☹☹

Hombre vende su farmacia para salir adelante. Ha declarado que no tenía más remedio.

¿Qué le dijo un terremoto a otro terremoto en la escuela? —¿Y tú de qué grado eres?

—¿Cual es tu sueño? —Ser feliz contigo ¿y el tuyo? —Tener un dinosaurio —Pero yo pensé que... —TENER UN DINOSAURIO DIJE

— ¿Qué es más peligroso que un oso polar? — Un oso bipolar.

Papá, ¿por qué el abuelo es calvo? -Porque es muy sabio, hijo -¿Y por qué tú tienes tanto pelo? -Anda niño, vete a jugar…

Disculpe señor, este autobús me lleva al cementerio? -Si se pone delante es posible.

A ver Jaimito, ¿Tu sabes que diferencia hay entre el papel higiénico y la cortina de ducha? -No, mama. -Entonces has sido tú!

Mamá ¿Por qué la novia va vestida de blanco? -Porque es el día más feliz de su vida -¿Y porque el novio va vestido de negro?.

Científicos de la NASA, tras años de estudio, revelan que cupido usa pañales por que la caga muy seguido.

¿En que se parece una boda a un divorcio? En que en la boda es todo arroz y en el divorcio todo es pa-ella

El padre antes de morir llama a sus hijos —
Mariano! besame la mano — Vicente! besame
la frente — Ángulo!! no corras cobarde.

Era un cocinero tan feo, pero tan feo, que hacía
llorar a las cebollas.

Le dice una madre a su hijo: -Me ha dicho un
pajarito que te drogas! -La que se droga eres tu
que hablas con pajaritos!

¿Que tiene esa botella? — Agua señor policía —
¡Esto es vino! — Alabado sea el Señor y sus
milagros!

¿Qué hay peor que encontrarse un gusano en
una manzana? Encontrarse medio gusano!

Un granjero a otro: -¿Cuantas ovejas tienes? -No se. Cada vez que las cuento me quedo dormido..

¿Cuál es el animal que da más vueltas después de muerto? El pollo asado.

¡No entres ahí, imbécil! ¡No entres a esa iglesia! ¡NOOO! - ¿Qué película estás viendo, cariño? -El vídeo de nuestra boda.

En la radio de un conductor se oye: - ¡Atención! ¡Se ha visto un coche conduciendo en dirección contraria! Y el conductor - Uno no, ¡todos!

Dice un torero: - dejadme solo, dejadme solo. - pero si está usted solo maestro - ¿¿y ese toro que hace ahí???

No estaba borracho -Qué no? Agarraste el pez de mi hermanita, lo tiraste al inodoro y dijiste Ve a buscar a tu padre, NEMO!

En un letrero pegado al lado de la puerta de un bar dice:"Si usted bebe para olvidar, por favor pague por adelantado."

¡Toc toc! -¿Quien es? -¡El amor de tu vida! - ¡Nahh... la cerveza no habla!

Una mujer celosa hace mejores investigaciones que el FBI.

En mi currículum voy a escribir que a veces duermo 14 horas seguidas, para que sepan que soy de esas personas que luchan por sus sueños

☺☺☹☺☺☹

¡Te he dicho 16 mil quinientos 53 millones setecientas 54 y ocho mil docientas cincuenta y dos veces que no seas tan Exagerada!!

☺☺☹☺☺☹

"No eres tu, soy yo" Atte.: Dos gemelos peleando por una foto.

☺☺☹☺☺☹

Qué escándalo, el doctor quiere casarse con una paciente -¿Y eso qué tiene de malo? -¡Es médico veterinario!

☺☺☹☺☺☹

Maestra, ¿usted me castigaría por algo que yo no hice? -Claro que no, Jaimito. -Ahh, pues que bueno, porque yo no hice mi tarea.

Nunca digas "No tengo nada que hacer" cerca de tu mamá.

Creo que mi habitación es un lugar santo, cada vez que mi Madre entra, dice: ¡Dios mío! Ave Maria Purísima!!!

¿Cuánto esta ese oso de peluche? - $280 - ¿Me lo da? - Si, espere... estos billetes son falsos - ¡Ja! ¿Acaso el oso es de verdad?

Juan, ¿Qué te paso? -Me golpearon - ¿Por qué? -Porque tosí - ¿Porque tosiste? - Sí, tosí dentro de un baño de mujeres

Señor, ¿Tiene permiso de conducir? -Si oficial, mi mama me deja

☺☹☺☹☺☹

Mamá, hoy aprendí a hacer explosivos en el Cole! -Que bien hijo! y mañana que harán en el colegio? -Reconstruirlo!!!

☺☹☺☹☺☹

El internet es el único que se cae y nadie se ríe.

☺☹☺☹☺☹

¿Por que no me cede su lugar para sentarme? Eso es falta de caballerismo - No señora, eso es falta de asientos..

☺☹☺☹☺☹

No hay nada mas indefenso que una mujer con las uñas recién pintadas.

☺☹☺☹☺☹

Dos locos se escapan en coche y uno dice: -Mira qué rápido van los árboles! -Es cierto, de regreso volvemos en árbol!

Doctor, doctor, cuando tomo café no duermo. Que curioso, a mí me pasa justo lo contrario, cuando duermo, no tomo café.

Cuando mi novia me dijo que me dejaba por mi indecisión no supe si reír o llorar…

Señor, estoy enamorado de su hija y no es por su dinero - ¿De cuál de las 4? -De cualquiera…

— ¿Papá, papá, alguna vez te enamoraste de una profesora? — Sí — ¿Y qué hiciste? — Nada, tu mamá te cambió de colegio…

— Amor, ¿Tú me amas sólo porque mi padre me heredó 100 millones? — No cariño, yo te amaría sin importar quién te los dejó.

—Oye, ¿Todavía somos novios? —¿Quién eres?
-Raul, el del Kinder.

Mi psiquiatra me dijo que yo estaba loco. Le respondí que quería una segunda opinión. Y me dijo: Usted es feo también.

Una viejita le dice a la otra: Tengo el trasero dormido. Y la otra contesta: Sí, ya ha roncado 3 veces!

Papa esta noche hay una fiesta.. -Me estas avisando o me estas pidiendo permiso? -Te estoy pidiendo dinero..

☺☺☺☺☺☺

—¿Y usted por qué toma? —Para olvidar — ¿Olvidar qué? —No sé, ya se me olvidó.

—¡Dr, el paciente se muere, necesita reanimación! —¡A la bio! ¡A la bao! ¡A la bin, bon, bao! ¡El paciente! ¡El paciente! ¡RA RA RA!

En una pizzería: "¿Le parto la pizza en 6 o 12 rebanadas?" -en 6, no creo comerme las 12!

Había una vez una tortuguita que fue a su primer día de clases y cuando llegó... ¡Ya estaban de vacaciones!

Dos borrachos en un bar, uno ledice al otro "No bebas más, que te estas volviendo borroso!!!"

El que busca, encuentra *No aplica para llaves, celulares y controles remotos*.

Padre, confieso que me casé! -Pero hijo, eso no es un pecado -Entonces por qué me siento tan arrepentido?

Un hombre publicó un aviso clasificado: "Busco esposa". Al día siguiente recibió cien cartas. Todas decían lo mismo: "Llevate la mia!".

—Doctor, últimamente me siento más gordo y feo, ¿qué tengo? —Razón.

¿Quién entiende a los padres? Primero te enseñan a caminar y a hablar. Luego te dicen: ¡sientate y callate!.

No existe película de terror que supere aquella sensación de tocarse el bolsillo y no sentir el celular.

Profesora, ¿ayer va con H? - No - ¿Y hoy? - Sí - Wow!, como cambian las cosas de un día para otro.

Una de las cosas más difíciles en la vida es conectar tu teléfono al cargador en la oscuridad.

Mascar chicle es una cosa, imitar a una vaca masticando hierba es otra.

Ley de vida: Si tu madre no lo encuentra, no existe eso que buscas.

★★★★★★★

+110

Frases

Venezolanas

★★★★★★★★

Hoy no fío, mañana sí.

¿Vas a seguir Abigail?

Guarda el celular que viene un motorizado

Sube pa arriba,baja pa abajo, métete pa
adentro,sal pa fuera!

Cuento tres y llevo dos!

La carne de burro no es transparente

★ ★ ★ ★ ★ ★ ★ ★

Gracias jalabola

★ ★ ★ ★ ★ ★ ★ ★

Buenas tardes señores pasajeros somos un grupo de jovenes que estamos vendiendo...

Préstame plata ahí, después te lo pago. *Más nunca le paga*.

Transito: ¿Cómo hacemos para resolver esto amistosamente?

¿como sabes que la Guaira es lejos?

¿Eres loca lo pasas coleto en la playa?

"Hagan bien y no miren a quien!": Miguel Angel Landa

"Como vaya viniendo, vamos viendo". Eudomar Santos

"Estamos mal pero vamos bien". Teodoro Petkoff

!Tu a MÍ no me JODES!". Jaime Lusinchi

"Fino fino con Bambino"

"Aquí estamos y aquí seguimos"

"¡Ta barato!, ¡dame dos!"

Coman sardinasss!

Coman huevoooss!

Ni lo uno ni lo otro, sino todo lo contrario

Todo está excesivamente normal

PAPITA, MANÍ, TOSTON

y dónde están? y dónde están? Los HDP que nos iban a ganar?

¡Otra llamada máaaaas!

"Chúpate esa mandarina". Oscar Yánez

Así son las cosas

Yo me quedo en Venezuela, porque yo soy optimista

¿Por qué no te callas?

llegó El papá de los helados

El chivo que más mea

★ ★ ★ ★ ★ ★ ★ ★

Másss finooo

★ ★ ★ ★ ★ ★ ★ ★

Vuélvemela a poneeeer

Me voy pal' carajo

Cuidado de noche que hay mucho loco suelto

Amor con hambre no dura

Es bueno el cilantro, pero no tanto

El que nace barrigón, ni que lo fajen chiquito

Guerra avisada no mata soldado / y si lo mata
es por descuidado

Hijo de gato caza ratón

Loro viejo no aprende a hablar

Más sabe el diablo por viejo que por diablo

Hasta aquí me trajo el río

Mas chorreado que palo e gallinero

"Eres un Viva la Pepa"

"¿Que hiciste Papaítooo?"

Más fácil que pelar mandarina.

A mal tiempo, buena cara

cuando el río suena es porque piedras trae

Ahora si se monto la gata en la batea

Ahora si se jodio la bibicleta

¿Cachicamo trabajando pá lapa?

Como vos querais

¿Y como sabes tu que la Guaria es lejos?

El muchaho llorón y la mamá que lo pellizca!

En boca cerrada no entran moscas

Lo que es del cura va pá la Iglesia

La culebra se mata por la cabeza!

Mas agarrao que vieja en moto

Mas peligroso que un helicoptero con corta corriente

Mas peligroso que un tiroteo en un ascensor

Mas viejo que Matusalén

Como la guayabera, ¡Por fuera!

Ni lava, ni presta la batea

No por madrugar amanece más temprano

Preguntando se llega a Roma

Quien no lo conozca que lo compre!

Si asi es el infierno, que me lleve el diablo!

Tanto nadar para ahogarte en la orilla

Vas pal cielo y vas llorando

Arruga pero no plancha

Mas peligroso que barbero con hipo!

Mas perdio que Adan el dia de las Madres

Mucho chicle pero poca bomba

Hasta aquí te trajo el río

Por la maleta se conoce al pasajero

A palabras necias, oidos sordos

Barájamela más despacio

Crea fama y echate a dormir

La mamá del arroz con pollo

Chivo que se devuelve, se esnuca

Más apretado que tuerca de submarino.

Sabe más que el pollo frito

Más frío que beso de suegra

Come más que un remordimiento

Más aburrido que un paseo en aplanadora

Más salido que un balcón

Más metido que una gaveta

A muerto no le faltan velas, ni a borracho
aguardiente

Del dicho al hecho hay mucho trecho

El que da y quita, el diablo lo visita

El que se fue a la villa perdió su silla

Entre broma y broma la verdad se asoma

Lo que es igual no es trampa.

Cachicamo diciéndole a morrocoy "conchúo".

Como antena de DirecTV, por fuera y viendo pal cielo.

No creo en brujas pero de que vuelan vuelan.

Más vale pájaro en mano que 100 volando.

Ni tan clavo ni con dos pelucas.

No hay mal que dure 100 años ni cuerpo que lo aguante.

Cuando el gato se va los ratones hacen fiesta.

★ ★ ★ ★ ★ ★ ★ ★

Sembramos mango y salió parchita.

★ ★ ★ ★ ★ ★ ★ ★

Se lavó las manos como Poncio lavó las de él.

★ ★ ★ ★ ★ ★ ★ ★

Una mano lava la otra y las dos lavan la cara.

Yo no soy escaparate de nadie.

Por dinero no te preocupes porque no hay.

Te va a atropellar un carrito de helados.

Te va a morder un peluche.

Cuidado te atropella un carrito de helados

Más es la bulla que la cabulla